高职高专经济、管理类专业"十三五"规划教材

企业真账演练——工业企业

QIYE ZHENZHANG YANLIAN GONGYE QIYE

主 编　伍少金　蒋海娟　邝 雨

副主编　张红梅　雷敬斌　麦 海

U0747847

中南大学出版社

www.csupress.com.cn

前　言

　　《企业真账演练——工业企业》是编者在对多家企业进行深入调研的基础上，结合多年的会计教学和会计实践经验，根据最新财务会计制度和税务法规，将会计教学设计与会计工作流程融为一体，精心策划与编写的。本书既可以作为财务会计的配套实训教材，也可以作为独立的会计实习教材使用。

　　《企业真账演练——工业企业》根据会计工作的实际流程设计了两个月的业务，按月份由浅入深，高度仿真，注重将业务处理的实际操作训练与会计职业判断能力的培养结合起来，具有一定的实践性、启发性、综合性和应用性，使学生在掌握会计连续记账的同时能够不断温故而知新，解决了学生到企业单位实训的困难。

　　本实训教材由南宁职业技术学院伍少金老师、邝雨老师、雷敬斌老师，广西水利电力职业技术学院蒋海娟、广西金融职业技术学院张红梅、广西交通职业技术学院肖绍平、广西机电工业学校麦海老师联合编写。由于教程编写的时间仓促，编者水平有限，书中难免有错误、不当之处，敬请批评和指正。

编　者

目　录

基本资料

（一）模拟实习公司概况

企业名称：南宁市旭日食品公司

开户银行：

中国工商银行南宁市长湖支行（基本户）　账号：2102105009002236409

中国工商银行南宁市长湖支行（辅助户）　账号：2102105004502945601

纳税人登记号：450100775685016　　　　地税申报代码：102345

出纳：李芸

公司主要部门及其负责人

姓名	部门	职务
李 明	总经办	总经理
安博勇	总经办	副总经理
王 波	财务部	经理
郑向阳	物资部	经理
陈可铭	制造部	经理
朴相良	行政部	经理
朱 利	销售部	经理

（二）企业核算方法

1. 原材料、周转材料按实际价格计价。发出材料的单价按"月末一次加权平均法"计算。

2. "生产成本"明细分类账户设直接材料、直接人工（包括工资及福利费）、直接其他支出（水、电费）和制造费用4个成本项目。

3. "制造费用"账户按生产工人工资的比例分配。

4. "库存商品"明细分类账户平时只进行数量核算（入库、出库）。发出产品的单价按

"月末一次加权平均法"计算。

5. 固定资产分为厂部用固定资产、生产车间用固定资产两部分,固定资产采用直线法计提折旧。

6. 该公司每月 13 日发放上月工资。

7. 产品生产成本按简单的品种法计算。

8. 月末结转产品销售成本时按加权平均法计算发出产成品的成本。

9. 该公司为缴纳增值税的一般纳税人单位,税率为 17%,城市维护建设税按应纳增值税额的 7% 计算,教育费附加按应纳增值税额的 3% 计算,地方教育费附加按应纳增值税额的 2% 计算,水利建设基金按每月营业收入的 0.1% 计算。

(三)南宁市旭日食品公司 2016 年 12 月 31 日总分类账余额表

单位:元

会计科目	期末余额	
	借方	贷方
库存现金	100.00	
银行存款	153,443.55	
应收账款	21,700.00	
原材料	11,000.00	
库存商品	80,000.00	
周转材料	54,300.00	
固定资产	698,393.00	
累计折旧		65,000.00
短期借款		100,000.00
应付账款		83,030.14
应付职工薪酬		72,246.10
应交税费		1,002.00
实收资本		700,000.00
利润分配	2,341.69	
合计	1,021,278.24	1,021,278.24

(四)南宁市旭日食品公司 2016 年 12 月 31 日明细分类账余额表及情况说明

单位：元

会计科目	期末余额		备注
	借方	贷方	
库存现金	100.00		
银行存款	153,443.55		
应收账款——南宁市同顺公司	11,700.00		
应收账款——桂林市星辉公司	10,000.00		
原材料——甲材料	6,000.00		余 200 公斤，单位成本 30 元/公斤
原材料——乙材料	5,000.00		余 250 公斤，单位成本 20 元/公斤
库存商品——A 产品	25,000.00		余 500 件，单位成本 50 元/件
库存商品——B 产品	55,000.00		余 1000 件，单位成本 55 元/件
周转材料——包装箱 50×50×50	3,300.00		余 550 个，单位成本 6 元/个
周转材料——包装箱 20×30×40	12,000.00		余 3000 个，单位成本 4 元/个
周转材料——包装瓶	38,000.00		余 38000 个，单位成本 1 元/个
周转材料——包装袋	1,000.00		余 5000 个，单位成本 0.2 元/个
固定资产——生产设备	631,550.00		12 月计提折旧 5000 元
固定资产——办公设备	66,843.00		12 月计提折旧 1500 元
累计折旧		65,000.00	
短期借款——工行		100,000.00	
应付账款——北海天安公司		15,850.14	
应付账款——南宁市佳达公司		67,180.00	
应付职工薪酬——工资		54,940.00	
应付职工薪酬——社会保险费		17,306.10	
应交税费——未交增值税		850.00	

3

会计科目	期末余额		备注
	借方	贷方	
应交税费——应交城市维护建设税		59.50	
应交税费——地方水利建设基金		50.00	
应交税费——教育费附加		25.50	
应交税费——地方教育费附加		17.00	
实收资本——李新		300,000.00	
实收资本——李明		400,000.00	
利润分配——未分配利润	2,341.69		
合计	1,021,278.24	1,021,278.24	

1 月 份 业 务

中国工商银行 （桂）
现金支票存根

$\frac{B}{0}$　$\frac{X}{0}$　　00631651

附加信息

_____

_____

_____

出票日期　2017 年 1 月 1 日

收款人：	李芸
金　额：	5,000.00
用　途：	备用金

单位主管　　　会计

1　　　　　　　　　1

5

（桂）03073059

中国工商银行同城通兑回单（收账通知）

日期：2017 年 1 月 2 日

		户　名	南宁长发公司		户　名	南宁市旭日食品公司
付款单位		账　号	2102108256899002489	收款单位	账　号	21021050099002236409
		开户行	工行南宁市中山路支行		开户行	工行南宁市长湖支行
金额（大写）		⊗伍拾万元整			￥500,000.00	
备注	凭证种类： 摘要：　　投资			凭证号： 交易类型：	中国工商银行 银行章：2017年1月2日 业务清讫章	

复核（授权）：　　　　　打印：

2　　　　　　　　　　　　　　　　　　　2-1

收款收据

今收到　　南宁长发公司

交来　　**投资款**

                  银行收讫

    金额（大写）　⊗**伍拾万元整**

      （小　写）　**500,000.00**

备注：

                                   收款单位（财务专用章）

收款人：**李芸**

第二联：记账联

1 月份业务

3　　　　　　　　　　　　　　　　　　　　　　　　　　　　2-2

7

中国工商银行银行借款凭证

2017 年 1 月 3 日   NO 0006521

借款人	南宁市旭日食品公司	贷款账号	5862988	存款账号	2102105004502945601										
						千	百	十	万	千	百	十	元	角	分
贷款金额	人民币（大写）⊗**壹拾万元整**						¥	1	0	0	0	0	0	0	0

用途	**生产周转**	期限	约定还款日期	2017 年 7 月 3 日	
		六个月	贷款利率	4%	借款合同号码 52435401

中国工商银行
南宁市长湖支行

				分次还款记录		
兹借到上列贷款，保证按规定用途使用，不作他用。到期时请凭此证收回贷款。	日 期			还款金额 金额	经 办	复 核
	年	月	日	2017年1月3日		
				业务清讫		

4　　　　　　　　　　　　　　　　　　　　　　　　　　　　　　　3

用 款 申 请 书

2017 年 1 月 4 日

申请部门	物资部	用　途	付货款
经办人	林森		
结算方式	电汇	金　额	15,850.14
对方单位名称	北海天安公司	开户银行	工行北海市城南支行
		账　号	4556676745466760078
领导批示: 同意 李明 2017 年 1 月 4 日		会计主管人员意见: 同意 王波 2017 年 1 月 4 日	部门领导意见: 同意 郑向阳 2017 年 1 月 4 日

5

4-1

1 月 份 业 务

中国工商银行电汇凭证(回单)

9

委托日期　2017 年 1 月 4 日

汇款人	全　称	南宁市旭日食品公司	收款人	全　称	北海天安公司									
	账　号	2102105009002236409		账　号	4556676745466760078									
	开户银行	工行南宁市长湖支行		开户银行	工行北海市城南支行									
金额	人民币 (大写)	⊗壹万伍仟捌佰伍拾元零壹角肆分				千	百	十	万	千	百	十	元	角 分
									¥	1	5	8	5	0 1 4
	汇出行签章　2017年1月4日	中国工商银行 南宁市长湖支行 业务清讫	支付密码 附加信息及用途		付货款									

6

4-2

此联是出票人开户银行交给出票人的回单

用 款 申 请 书

2017 年 1 月 5 日

申请部门	物资部	用 途	付货款
经办人	林森		
结算方式	转账	金 额	10,000.00
对方单位名称	南宁市佳达公司	开户银行	工行南宁市江南支行
		账 号	2102104502945601789
领导批示: 同意 李明 2017 年 1 月 5 日	会计主管人员意见: 同意 王波 2017 年 1 月 5 日	部门领导意见: 同意 郑向阳 2017 年 1 月 5 日	

7

5-1

中国工商银行（桂）
转账支票存根

$\dfrac{B}{0} \quad \dfrac{X}{2}$ 00631779

附加信息

_____

_____

_____

出票日期 2017 年 1 月 5 日

收款人:	李芸
金 额:	10,000.00
用 途:	付货款

单位主管　　　　　会计

11

8

5-2

企业真账演练——工业企业

中国工商银行进账单(回单)

2017 年 1 月 5 日

出票人	全 称	南宁市旭日食品公司	收款人	全 称	南宁市佳达公司										
	账 号	2102105009002236409		账 号	2102104502945601789										
	开户银行	工行南宁市长湖支行		开户银行	工行南宁市江南支行										

金额	人民币(大写)	⊗壹万元整				千	百	十	万	千	百	十	元	角	分
								¥	1	0	0	0	0	0	0

中国工商银行
南宁市长湖支行
汇出行签章   2017年1月5日
业务清讫

支付密码
附加信息及用途   付货款

9

5-3

(桂) 03073059

中国工商银行同城通兑回单(收账通知)

日期：2017 年 1 月 6 日

13

付款单位	户 名	南宁市同顺公司	收款单位	户 名	南宁市旭日食品公司
	账 号	2102108256899002489		账 号	2102105009002236409
	开户行	工行南宁市中山路支行		开户行	工行南宁市长湖支行
金额(大写)		⊗壹万壹仟柒佰元整			¥11,700.00
备注	凭证种类： 摘要：货款		凭证号： 交易类型：		中国工商银行 银行章：2017年1月6日 业务清讫章

复核(授权)：   打印：

10

6

资金汇划(贷方)凭证　　　回单

收款人账号：21021050090022236409
收款人全称：南宁市旭日食品公司
付款人全称：桂林市星辉公司
大写金额：伍仟元整
小写金额：￥5,000.00
发报流水号：552255
发报行行号：356566
发报行行名：工行桂林市新城支行
打印日期：2017-01-07
用　　途：
客户附言：
银行附言：转工行南宁市长湖支行

11

资金汇划补充凭证
收报日期：2017-01-07
付款人账号：4500275673367850009

收报流水号：223322
付报行行号：228690

发报日期：2017-01-06

付款类型：非延时付款

中国工商银行
2017年1月7日
业务清讫章

7

15

借　款　单

借款理由：	去桂林开订货会		现金付讫	
借款数额：	⊗貮仟元整			
借款人签章：			李佳	2017 年 1 月 8 日
单位负责人意见：同意	部门领导意见：同意		会计主管人员意见：同意	
李明	朱利		王波	
2017 年 1 月 8 日	2017 年 1 月 8 日		2017 年 1 月 8 日	

12

8

ICBC 工商银行(广西区)分行电子缴税付款凭证

转账日期: 2017 年 1 月 9 日

凭证号: 4500801235587

纳税人全称及纳税识别号: 南宁市旭日食品公司	450100775685016
付款人全称: 南宁市旭日食品公司	征收机关名称: 南宁市青秀区国家税务局
付款人账号: 2102105009002236409	收款国库银行: 国家金库南宁市青秀区支库
付款人开户行: 工行南宁市长湖支行	缴款书交易流水号: 20170101666444223
小写(合计)金额: ¥850.00	税票号码: 520760560000576234

大写(合计)金额: 捌佰伍拾元整

税(费)种名称	所属日期	实缴金额
增值税	2016-12-01—2016-12-31	850.00

中国工商银行
南宁市长湖支行
2017年1月9日
转讫

打印时间:

会计流水号: 1450008013266600

复核:

13

9

17

ICBC 工商银行(广西区)分行电子缴税付款凭证

转账日期: 2017 年 1 月 9 日

凭证号: 4500801235587

纳税人全称及纳税识别号: 南宁市旭日食品公司	450100775685016
付款人全称: 南宁市旭日食品公司	征收机关名称: 南宁市青秀区国家税务局
付款人账号: 2102105009002236409	收款国库银行: 国家金库南宁市青秀区支库
付款人开户行: 工行南宁市长湖支行	缴款书交易流水号: 20170101666444223
小写(合计)金额: ¥50.00	税票号码: 520760560000576234

大写(合计)金额: 伍拾元整

税(费)种名称	所属日期	实缴金额
水利建设基金	2016-12-01—2016-12-31	50.00

中国工商银行
南宁市长湖支行
2017年1月9日
转讫

打印时间:

会计流水号: 1450008013266583

复核:

14

10

中 华 人 民 共 和 国
税 收 完 税 证 明

地

(151)桂地证00302228

填发日期：2017 年 1 月 10 日

税务机关：南宁市青秀区地方税务局

纳税识别号		450100775685016		纳税人名称	南宁市旭日食品公司	
原凭证号	税　种	品目名称	税款所属时期	入(退)库日期	实缴(退)金额	
201WB00000000203158	城市建设维护费		2016-12-01~2016-12-31		59.50	
201WB00000000203159	教育费附加		2016-12-01~2016-12-31		25.50	
201WB00000000203160	地方教育费附加		2016-12-01~2016-12-31		17.00	
金额合计	大写：人民币壹佰零贰元整				¥102.00	
税务机关	填票人		备注：证明号码00380255			
			征收机构：南宁市青秀区地方税务局			
			页码：1/1			

妥善保管、手写无效

15

11

（收据）交纳税人作完税证明

1 月 份 业 务

中国工商银行银行借款凭证

2017 年 1 月 10 日

NO 0006550

19

借款人	南宁市旭日食品公司	贷款账号	5862988	存款账号	2102105004502945601								
						千	百	十	万	千	百	十	元	角	分
贷款金额	人民币(大写)	⊗叁拾万元整						¥	3	0	0	0	0	0	0	0	0
用　途	购设备	期限	约定还款日期	2020 年 1 月 10 日									
		三年	贷款利率	6%	借款合同号码	52435429							

中国工商银行
南宁市长湖支行

分次还款记录

兹借到上列贷款，保证按规定用途使用，不作他用。到期时请凭此证收回贷款。	日　　期			还款金额　金　额		经　办	复　核
	年	月	日				

2017年1月10日

业务清讫

16

12

用 款 申 请 书

2017 年 1 月 11 日

申请部门	财务部	用　途	王转 5601-6409
经办人	李芸		
结算方式	转账	金　额	400,000.00
对方单位名称	本公司	开户银行	工行南宁市长湖支行
		账　号	2102105009002236409

领导批示: 同意	会计主管人意见: 同意	部门领导意见: 同意
李明	王波	王波
2017 年 1 月 11 日	2017 年 1 月 11 日	2017 年 1 月 11 日

17

13-1

中国工商银行 （桂）
转账支票存根

$\frac{B}{0}$　$\frac{X}{2}$　　00631779

附加信息

_____

_____

_____

出票日期 2017 年 1 月 11 日

收款人: 南宁市旭日食品公司

金　额: 400,000.00

用　途: 王转

单位主管　　　　会计

18

13-2

云南证券印务有限公司2015年印制

中国工商银行进账单(回单)

2017 年 1 月 11 日

<table>
<tr><td rowspan="3">出票人</td><td>全　称</td><td>南宁市旭日食品公司</td><td rowspan="3">收款人</td><td>全　称</td><td colspan="12">南宁市旭日食品公司</td></tr>
<tr><td>账　号</td><td>2102105004502945601</td><td>账　号</td><td colspan="12">2102105009002236409</td></tr>
<tr><td>开户银行</td><td>工行南宁市长湖支行</td><td>开户银行</td><td colspan="12">工行南宁市长湖支行</td></tr>
<tr><td rowspan="2">金额</td><td>人民币
(大写)</td><td colspan="2">⊗肆拾万元整</td><td>亿</td><td>千</td><td>百</td><td>十</td><td>万</td><td>千</td><td>百</td><td>十</td><td>元</td><td>角</td><td>分</td></tr>
<tr><td colspan="3"></td><td></td><td></td><td>￥4</td><td>0</td><td>0</td><td>0</td><td>0</td><td>0</td><td>0</td><td>0</td></tr>
<tr><td colspan="3">中国工商银行
南宁市长湖支行
汇出行签章　2017年1月11日
业务清讫</td><td colspan="2">支付密码
附加信息及用途</td><td colspan="10">5601 - 6409</td></tr>
</table>

19　　　　　　　　　　　　　　　　　　　　　　　　　　　　　13-3

此联是出票人开户银行交给出票人的回单

1 月份业务

用款申请书

2017 年 1 月 11 日

23

<table>
<tr><td>申请部门</td><td>物资部</td><td rowspan="2">用　途</td><td rowspan="2">采购</td></tr>
<tr><td>经办人</td><td>林森</td></tr>
<tr><td>结算方式</td><td>银行汇票</td><td>金　额</td><td>30,000.00</td></tr>
<tr><td rowspan="2">对方单位名称</td><td rowspan="2">灵山县海利养殖场</td><td>开户银行</td><td>农行灵山县城南支行</td></tr>
<tr><td>账　号</td><td>4500200307856897986</td></tr>
<tr><td>领导批示: 同意

李明

2017 年 1 月 11 日</td><td>会计主管人员意见: 同意

王波

2017 年 1 月 11 日</td><td colspan="2">部门领导意见: 同意

郑向阳

2017 年 1 月 11 日</td></tr>
</table>

20　　　　　　　　　　　　　　　　　　　　　　　　　　　　　14-1

中国工商银行　　汇票申请书(存根)　　第105号

申请日期　　　　2017 年 1 月 11 日

申 请 人	南宁市旭日食品公司	收 款 人	灵山县海利养殖场									
账号或地址	21021050090022236409	账号或地址	4500200307856897986									
用 途	采购	代理付款行	农行灵山县城南支行									
汇款金额	人民币(大写)　　⊗叁万元整			百	十	万	千	百	十	元	角	分
					¥	3	0	0	0	0	0	0
备 注：	10号	科 目										
		对方科目										
		财务主管　　复核　　经办										

（章：中国工商银行南宁市长湖支行 业务公章）

21　　　　　　　　　　　　　　　　　　　　14-2

此联申请人留存

付款期限
壹个月

中国工商银行

银行汇票　（多余款）
　　　　　（收账通知）

桂 55/01 00011378

4

25

出票日期
(大写)　　贰零壹柒年零壹月壹拾贰日

代理付款行：农行灵山县城南支行　　行号：54862

收款人：	灵山县海利养殖场	账号：	4500200307856897986									
出票金额	人民币(大写)　⊗叁万元整											
实际结算金额	人民币(大写)　⊗贰万柒仟元整		千	百	十	万	千	百	十	元	角	分
					¥	2	7	0	0	0	0	0

申请人：　南宁市旭日食品公司　　账号：　21021050090022236409

出票行：　工行南宁市长湖支行　　行号：9548

备注：

出票行盖章：

（章：中国工商银行 2017年1月12日 业务清讫章）

密押：		
多余金额	左列退回多余金额已收入你的账户	
千 百 十 万 千 百 十 元 角 分		
¥ 3 0 0 0 0 0		

此联出票行结清多余款后交申请人

22　　　　　　　　　　　　　　　　　　　　15

用 款 申 请 书

2017 年 1 月 13 日

申请部门	财务部	用 途	付 12 月份工资
经办人	李芸		
结算方式	转账	金 额	49,073.48
对方单位名称	工行南宁市长湖支行	开户银行	工行南宁市长湖支行
		账 号	2102103002354566678
领导批示:同意 李明 2017 年 1 月 13 日		会计主管人员意见:同意 王波 2017 年 1 月 13 日	部门领导意见:同意 安博勇 2017 年 1 月 13 日

23   16-1

2016年12月工资结算表

发放日期:2017 年 1 月 13 日

27

姓名	部门	职务	基本工资	岗位工资	应发工资	保险费	个人所得税	扣款合计	实发工资
李明	总经办	总经理	4000	2000	6000	630.00	82.00	712.00	5,288.00
安博勇	总经办	副总	3000	1500	4500	472.50	15.82	488.33	4,011.67
袁利	总经办	秘书	1800	800	2600	273.00		273.00	2,327.00
总经办合计			8800	4300	13,100	1,375.50	97.82	1,473.32	11,652.57
王波	财务部	经理	2000	1180	3180	333.90		333.90	2,846.10
李芸	财务部	出纳	1600	800	2400	252.00		252.00	2,148.00
财务部合计			3600	1980	5580	585.90	0	585.90	4,994.10
朴相良	行政管理	经理	2000	1100	3100	325.50		325.50	2,774.50
王海	行政管理	职员	1500	800	2300	241.50		241.50	2,058.50
行政部合计			3500	1900	5400	567.00	0	567.00	4,833.00
郑向阳	物资部	经理	2000	1000	3000	315.00		315.00	2,685.00
林森	物资部	职员	1500	800	2300	241.50		241.50	2,058.50
刘东	物资部	仓管	1400	800	2200	231.00		231.00	1,969.00
物资部合计			4900	2600	7500	787.50	0	757.50	6,712.50
朱利	销售部	经理	2000	1000	3000	315.00		315.00	2,685.00
李佳	销售部	职员	1500	800	2300	241.50		241.50	2,058.50
销售部合计			3500	1800	5300	556.50	0	556.50	4,743.50
陈可铭	制造部	经理	2000	1000	3000	315.00		315.00	2,685.00
张丽	制造部	管理员	1300	800	2100	220.50		220.50	1,879.50
周志军	制造部	工程师	1280	1000	2280	239.40		239.40	2,040.60
汪静	制造部	A产品生产工人	1250	800	2050	215.25		215.25	1,834.75
陈红	制造部	A产品生产工人	1300	800	2100	220.50		220.50	1,879.50
林林	制造部	A产品生产工人	1300	900	2200	231.00		231.00	1,969.00
张颐	制造部	B产品生产工人	1350	800	2150	225.75		225.75	1,924.25
李清	制造部	B产品生产工人	1280	900	2180	228.90		228.90	1,951.10
制造部合计			11,060	7000	18,060	1,896.30	0	1,896.30	16,163.70
总 计			35,360	19,580	54,940	5,768.70	97.82	5,866.52	49,073.48

24   16-2

28

中国工商银行 （桂）
转账支票存根

$$\frac{B}{0} \quad \frac{X}{2}$$ 00631779

附加信息 _____

_____

_____

出票日期 2017 年 1 月 13 日

收款人：	工行南宁市长湖支行
金 额：	49,073.48
用 途：	付工资

单位主管　　　　　会计

25　　　　　　　　　　16-3

中国工商银行进账单(回单)

2017 年 1 月 13 日

出票人	全　称	南宁市旭日食品公司	收款人	全　称	工行南宁市长湖支行
	账　号	2102105009002236409		账　号	2102103002354566678
	开户银行	工行南宁市长湖支行		开户银行	工行南宁市长湖支行

金额	人民币 (大写)	⊗肆万玖仟零柒拾叁元肆角捌分	千	百	十	万	千	百	十	元	角	分
					¥	4	9	0	7	3	4	8

中国工商银行
南宁市长湖支行

2017年1月13日

汇出行签章　　业务清讫

支付密码
附加信息及用途　　　　　付工资

26　　　　　　　　　　16-4

中 华 人 民 共 和 国
税 收 完 税 证 明

地

(151)桂地证00302228

填发日期：2017 年 1 月 15 日　　　　　　税务机关：**南宁市青秀区地方税务局**

纳税识别号	450100775685016		纳税人名称	**南宁市旭日食品公司**		
原凭证号	税　种	品目名称	税款所属时期	入(退)库日期	实缴(退)金额	
	个人所得税		2016-12-01-2016-12-31		97.82	
金额合计	大写：**人民币玖拾柒元捌角贰分**				￥97.82	
税务 机关	填 票 人		备注：证明号码00380255			
			征收机构：**南宁市青秀区地方税务局**			
			页码：1/1			

妥善保管、手写无效

27

17

31

广西壮族自治区社会保险费用收款收据

桂0(07)No: 0956003

1013455695

2017 年 1 月 16 日

社会保险基金

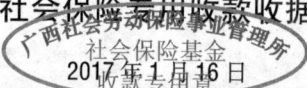

20055304 - 10 - 105

今收到：　**南宁市旭日食品公司**　　交来　2016-12-01 - 2016-12-31　社会保险基金

人民币(大写)：⊗**贰万叁仟零柒拾肆元捌角整**　　　小写：　￥23,074.80　　此据

	缴费项目	缴费期限	缴费人数	单位应缴	个人应缴	金额合计
其中：	基本养老保险	2016-12-01 - 2016-12-31	20	10,988.00	4,395.20	15,383.20
	失业保险	2016-12-01 - 2016-12-31	20	1,098.80	274.70	1,373.50
	基本医疗保险	2016-12-01 - 2016-12-31	20	4,395.20	1,098.80	5,494.00
	工伤保险	2016-12-01 - 2016-12-31	20	274.70		274.70
	生育保险	2016-12-01 - 2016-12-31	20	549.40		549.40
备注：	合计		收款方式	电子委托		￥23,074.80

说明：本收款收据适用于社会保险机构征缴社会保险基金的款项，包括单位缴纳的养老保险、失业保险、医疗保险、工伤保险、生育保险等社会保险基金的款项。

收款单位(公章)：　　　　　　　财务主管(章)：**黎永**　　收款人(章)：**王瑜**

28

18-1

中国工商银行特种转账借方凭证

付款人	全称	南宁市旭日食品公司	收款人	全称	南宁市社保基本养老保险基金收入户
	账号	21021050090022236409		账号	21021030055550509
	开户行	工行南宁市长湖支行		开户行	建行南宁市国湖路支行
金额	(大写)	⊗贰万叁仟零柒拾肆元捌角整			23,074.80
用途		代扣社保			中国工商银行 南宁市长湖支行 2017年1月16日 业务清讫 银行盖章
备注：					

29

18-2

收 款 收 据

2017 年 1 月 18 日　　　No. 0036502

33

今收到	林河	
交来	包装物押金	现金收讫
金额(大写)	⊗壹佰元整	
（小　写）	￥100.00	
备注：		

收款单位(财务专用章)

收款人：李芸

30

19

用 款 申 请 书

2017 年 1 月 29 日

申请部门	财务部	用　途	五转
经办人	李芸		
结算方式	转账	金　额	100,500.00
对方单位名称	本公司	开户银行	工行南宁市长湖支行
		账　号	2102105009002236409
领导批示: 同意	会计主管人员意见: 同意		部门领导意见: 同意
李明	王波		王波
2017 年 1 月 29 日	2017 年 1 月 29 日		2017 年 1 月 29 日

31　　　　　　　　　　　　　　　　　　　　　　　　　　　　20-1

中国工商银行 （桂）
转账支票存根

$\frac{B}{0}$ $\frac{X}{2}$　　00631910

附加信息
_____
_____
_____

出票日期 2017 年 1 月 29 日

收款人: 南宁市旭日食品公司
金　额: 100,500.00
用　途: 五转

单位主管　　　　　会计

32　　　　　　　　　　20-2

云南证券印务有限公司2015年印制

35

中国工商银行进账单(回单)

2017 年 1 月 29 日

出票人	全 称	南宁市旭日食品公司	收款人	全 称	南宁市旭日食品公司
	账 号	2102105009002236409		账 号	2102105004502945601
	开户银行	工行南宁市长湖支行		开户银行	工行南宁市长湖支行

金额	人民币 (大写)	⊗壹拾万零伍佰元整	千	百	十	万	千	百	十	元	角	分
				¥	1	0	0	5	0	0	0	0

中国工商银行
南宁市长湖支行
2017年1月29日
业务清讫

汇出行签章

支付密码
附加信息及用途

此联是出票人开户银行交给出票人的回单

33

20-3

中国工商银行　贷款还款通知单①

2017 年 1 月 31 日

付款单位	户 名	南宁市旭日食品公司	收款单位	户 名	中国工商银行南宁市长湖支行
	账 号	2102105004502945601		账 号	2102103002156214521
	开户行	工行南宁市长湖支行		开户行	工行南宁市长湖支行
科目	账号	210130011	种类	临时贷款	利率	4%

计息起止时间	2017年1月1日至2017年1月31日	还本金额	¥100,000.00
应计利息	¥333.33	应还本息合计	¥100,333.33

上列款项已经从你单位账户扣付

中国工商银行
南宁市长湖支行
2017年1月31日
业务清讫

转账日期: 2017 年 1 月 31 日(银行盖章)

34

21

（二）采购业务

南宁市光辉食品公司销售出货单

开单日期 2017 年 1 月 1 日 　　　　　　出货仓库 　　　　单号：NO. 000010

购货单位	名　称	南宁市旭日食品公司	税务登记号	450100775685016
	地址、电话	长湖路 69 号　5588626	开户行及账号	工行南宁市长湖支行 21021050090022 36409

品名规格	单位	数量		单价	金额
		订货数	实发数		
甲材料	公斤	650	650	35.10	22,815.00

价税合计（大写）	⊗贰万贰仟捌佰壹拾伍元整	（小写） ￥22,815.00

销售经理：余南　　　审核：张新　　　　开票：李凡　　　　制单：刘新华

35

22-1

39

4500068765

广西增值税专用发票

发票联

税总函【2016】116号广州东港安全印制有限公司

开票日期：2017 年 1 月 1 日

购货方	名　称：南宁市旭日食品公司 纳税人识别号：450100775685016 地址、电话：长湖路 69 号　0771－5588626 开户行及账号：工行南宁市长湖支行 21021050090022 36409	密码区	略

货物或应税劳务、服务名称	规格型号	单位	数量	单价	金额	税率	税额
甲材料		公斤	650	30.00	19,500.00	17%	3,315.00
合　计					￥19,500.00		￥3,315.00

价税合计（大写）	⊗贰万贰仟捌佰壹拾伍元整	（小写）￥22,815.00

销货方	名　称：南宁市光辉食品公司 纳税人识别号：450100776567888 地址、电话：南宁市青环路 63 号　0771－8866075 开户行及账号：农行南宁市青环支行 4556676745466770078	备注	南宁市光辉食品公司 450100776567888 发票专用章

收款人：　　　　　复核：李勇　　开票人：李勇　　　销货方：（章）

36

22-2

南宁市旭日食品公司采购收货单

收货日期：2017 年 1 月 1 日　　　　　　　　　　　　　　单号：NO.1002

供货单位	南宁市光辉食品公司			
品名规格	单位	数量	单价	金额
甲材料	公斤	650	30.00	19,500.00
合　　　计				￥19,500.00

仓管员：刘东

第二联：财会联

22-3

1 月 份 业 务

北海市天安公司销售出货单

开单日期 2017 年 1 月 1 日　　　　　出货仓库　　　　单号：NO.00018

41

购货单位	名　　称	南宁市旭日食品公司		税务登记号	450100775685016
	地址、电话	长湖路 69 号　5588626		开户行及账号	工行南宁市长湖支行 21021050090022366409

品名规格	单位	数量		单价	金额
		订货数	实发数		
甲材料	公斤	2000	2000	32.76	65,520.00

价税合计(大写)	⊗陆万伍仟伍佰贰拾元整	(小写)	￥65,520.00

销售经理：刘明　　　审核：张林　　　　开票：李明　　　　制单：王江

第二联：客户联

23-1

广西增值税普通发票

No 19546978

发票联

开票日期：2017 年 1 月 9 日

税总函【2016】116号广州东港安全印刷有限公司

购货方	名　　　称：南宁市旭日食品公司 纳税人识别号：450100775685016 地　址、电话：长湖路69号　0771－5588626 开户行及账号：工行南宁市长湖支行 2102105009002236409					密码区	略		

货物或应税劳务、服务名称	规格型号	单位	数 量	单 价	金　额	税率	税　额
甲材料		公斤	2000	28.00	56,000.00	17%	9,520.00
合　计					￥56,000.00		￥9,520.00

价税合计（大写）	⊗陆万伍仟伍佰贰拾元整	（小写）￥65,520.00

销货方	名　　　称：北海市天安公司 纳税人识别号：450100776567886 地　址、电话：北海市青山东路63号　0779－8866075 开户行及账号：工行北海市城南支行 4556676745466760078	备注	

收款人：　　　　　复核：张林　　　开票人：张林　　　　销货方：（章）

39

23-2

南宁市旭日食品公司采购收货单

收货日期：2017 年 1 月 1 日　　　　　　　　　　　　　单号：NO. 1002

供货单位	北海市天安公司				
品名规格	单位	数量	单价	金额	
甲材料	公斤	2000	32.76	65,520.00	
合　　　计				￥65,520.00	

仓管员：刘东

40

23-3

广西增值税普通发票

No 19546912

发票联

开票日期：2017 年 1 月 1 日

购货方	名　　称：南宁市旭日食品公司 纳税人识别号：450100775685016 地　址、电话：长湖路69号　0771－5588626 开户行及账号：工行南宁市长湖支行 2102105009002236409					密码区	略		
货物或应税劳务、服务名称	规格型号	单位	数　量	单　价	金额		税率	税　额	
丙材料（初级农产品）		公斤	3000	2.00	6,000.00		0	0	
合　　计					￥6,000.00			￥0	
价税合计（大写）	⊗陆仟元整				(小写)￥6,000.00				
销货方	名　　称：刘阳 纳税人识别号：450102196402280000 地　址、电话：南宁市良庆区达里村4大队　18258796164 开户行及账号：					备注	南宁市旭日食品公司 450100775685016 发票专用章		

收款人：　　　　　　　　复核：李芸　　　开票人：李芸　　　　销货方：(章)

41

24-1

45

南宁市旭日食品公司采购收货单

收货日期：2017 年 1 月 1 日

单号：NO.1003

供货单位	刘阳				
品名规格	单位	数量	单价	金额	
丙材料	公斤	3000	1.74	5,220.00	
合　　　计				￥5,220.00	

仓管员：刘东

42

24-2

企业真账演练——工业企业

南宁市光辉食品公司销售出货单

<table>
<tr><td rowspan="2">购货
单位</td><td>名　称</td><td>南宁市旭日食品公司</td><td>税务登记号</td><td>450100775685016</td></tr>
<tr><td>地址、电话</td><td>长湖路69号　5588626</td><td>开户行及账号</td><td>工行南宁市长湖支行
21021050090022236409</td></tr>
</table>

品名规格	单位	数量		单价	金额
		订货数	实发数		
乙材料	公斤	1000	1000	22.60	22,600.00

价税合计（大写）	⊗貳万貳仟陸佰元整	（小写）	¥22,600.00

销售经理：余南　　　审核：张新　　　　开票：李凡　　　　制单：刘新华

43　　　　　　　　　　　　　　　　　　　　　　　　　　　　　25-1

第二联：客户联

1月份业务

4500068765　　　　　　　广西增值税专用发票　　　　　No 01389673

发票联

47

开票日期：2017年1月2日

<table>
<tr><td rowspan="4">购货方</td><td>名　称</td><td>南宁市旭日食品公司</td><td rowspan="4">密码区</td><td rowspan="4">略</td></tr>
<tr><td>纳税人识别号：</td><td>450100775685016</td></tr>
<tr><td>地址、电话：</td><td>长湖路69号　0771-5588626</td></tr>
<tr><td>开户行及账号：</td><td>工行南宁市长湖支行21021050090022236409</td></tr>
</table>

货物或应税劳务、服务名称	规格型号	单位	数量	单价	金额	税率	税额
乙材料（初级农副产品）		公斤	1000	20.00	20,000.00	13%	2,600.00
合　计					¥20,000.00		¥2,600.00

价税合计（大写）	⊗貳万貳仟陸佰元整	（小写）¥22,600.00

<table>
<tr><td rowspan="4">销货方</td><td>名　称</td><td>南宁市光辉食品公司</td><td rowspan="4">备注</td></tr>
<tr><td>纳税人识别号：</td><td>450100776567888</td></tr>
<tr><td>地址、电话：</td><td>南宁市青环路63号　0771-8866075</td></tr>
<tr><td>开户行及账号：</td><td>农行南宁市青环支行4556676745466770078</td></tr>
</table>

南宁市光辉食品公司
450100776567888
发票专用章

收款人：　　　　　复核：李勇　　开票人：李勇　　　销货方：（章）

44　　　　　　　　　　　　　　　　　　　　　　　　　　　　　25-2

税总函【2016】116号广州东港安全印制有限公司

第二联：发票联　购货方记账凭证

南宁市旭日食品公司采购收货单

收货日期：2017 年 1 月 2 日　　　　　　　　　　　　　单号：NO.1004

供货单位	南宁市光辉食品公司				
品名规格	单位	数量	单价	金额	
乙材料	公斤	1000	20.00	20,000.00	
合　　　计				￥20,000.00	

仓管员：刘东

45

1 月份业务

南宁市光辉食品公司销售出货单

开单日期 2017 年 1 月 8 日　　　　　　出货仓库　　　　单号：NO.00028

49

购货单位	名称	南宁市旭日食品公司		税务登记号	450100775685016	
	地址、电话	长湖路 69 号　5588626		开户行及账号	工行南宁市长湖支行 21021050090002236409	

品名规格	单位	数量		单价	金额	
		订货数	实发数			
丙材料	公斤	10,000	10,000	2.26	22,600.00	
价税合计（大写）	⊗贰万贰仟陆佰元整				（小写）　￥22,600.00	

销售经理：余南　　　审核：张新　　　　　开票：李凡　　　　　制单：刘新华

第二联：客户联

46　　　　　　　　　　　　　　　　　　　　　　　　　26-1

4500068765　　　　　广西增值税专用发票　　　　No 01389087

第三联
国税局监制

发票联

税总函【2016】116号广州东港安全印制有限公司

开票日期：2017 年 1 月 8 日

购货方	名　　称：南宁市旭日食品公司 纳税人识别号：450100775685016 地　址、电　话：长湖路69号　0771－5588626 开户行及账号：工行南宁市长湖支行 21021050090022364409					密码区	略		
货物或应税劳务、服务名称	规格型号	单位	数 量	单 价		金 额	税率	税 额	
丙材料（初级农副产品）		公斤	10,000	2.00		20,000.00	13%	2,600.00	
合　　计						￥20,000.00		￥2,600.00	
价税合计（大写）	⊗ 贰万贰仟陆佰元整						（小写）￥22,600.00		
销货方	名　　称：南宁市光辉食品公司 纳税人识别号：450100776567888 地　址、电　话：南宁市青环路63号　0771－8866075 开户行及账号：农行南宁市青环支行 4556676745466770078					备注	南宁市光辉食品公司 450100776567888 发票专用章		

收款人：　　　　　复核：李勇　　　开票人：李勇　　　　销货方：（章）

47　　　　　　　　　　　　　　　　　　　　　　　　　　　　　　26-2

1 月 份 业 务

51

南宁市旭日食品公司采购收货单

收货日期：2017 年 1 月 8 日　　　　　　　　　　　单号：NO.1005

供货单位	南宁市光辉食品公司			
品名规格	单位	数量	单价	金额
丙材料	公斤	10,000	2.00	20,000.00
合　　　计				￥20,000.00

仓管员：刘东

48　　　　　　　　　　　　　　　　　　　　　　　　　　26-3

北海市天安公司销售出货单

购货单位	名　　称	南宁市旭日食品公司	税务登记号	450100775685016
	地址、电话	长湖路 69 号　5588626	开户行及账号	工行南宁市长湖支行 2102105009002236409

品名规格	单位	数量		单价	金额
		订货数	实发数		
甲材料	公斤	1000	1000	35.10	35,100.00

价税合计（大写）	⊗叁万伍仟壹佰元整	（小写）	￥35,100.00

销售经理：刘明　　审核：张林　　　　开票：李明　　　　　制单：王江

49　　　　　　　　　　　　　　　　　　　　　　　　　　　　　　　27-1

第二联：客户联

1 月 份 业 务

税总函【2016】116号广州东港安全印刷有限公司

4500096452

广西增值税普通发票

发票联

No 19549876

53

开票日期：2017 年 1 月 9 日

购货方	名　　称：南宁市旭日食品公司 纳税人识别号：450100775685016 地址、电话：长湖路 69 号　0771-5588626 开户行及账号：工行南宁市长湖支行 2102105009002236409	密码区	略

货物或应税劳务、服务名称	规格型号	单位	数量	单价	金额	税率	税额
甲材料		公斤	1000	30.00	30,000.00	17%	5,100.00
合　计					￥30,000.00		￥5,100.00

价税合计（大写）	⊗叁万伍仟壹佰元整	（小写）￥35,100.00

销货方	名　　称：北海市天安公司 纳税人识别号：450100776567886 地址、电话：北海市青山东路 63 号　0779-8866075 开户行及账号：工行北海市城南支行 4556676745466760078	备注	

收款人：　　　　　复核：张林　　开票人：张林　　　　销货方：（章）

50　　　　　　　　　　　　　　　　　　　　　　　　　　　　　　　27-2

北海市天安公司 450100776567886 发票专用章

第二联：发票联　购货方记账凭证

南宁市旭日食品公司采购收货单

收货日期：2017 年 1 月 9 日　　　　　　　　　　　　　　　　单号：NO. 1006

供货单位	北海市天安公司				
品名规格	单位	数量	单价	金额	
甲材料	公斤	1000	35.10	35,100.00	
合　计				￥35,100.00	

仓管员：刘东

51

27-3

南宁市利达公司销售出货单

开单日期 2017 年 1 月 10 日　　　　　　　出货仓库　　　　单号：NO. 00022

购货单位	名　称	南宁市旭日食品公司		税务登记号	450100775685016	
	地址、电话	长湖路 69 号　5588626		开户行及账号	工行南宁市长湖支行 21021050090022236409	
品名规格	单位	数量		单价	金额	
		订货数	实发数			
甲材料	公斤	1000	1000	30.00	30,000.00	
价税合计(大写)	⊗叁万元整				(小写)	￥30,000.00

销售经理：张伟　　　审核：张华　　　　　开票：李丹　　　　制单：黄鑫

52

广西增值税普通发票

发票联

№ 01309876

开票日期：2017 年 1 月 10 日

购货方	名　称：南宁市旭日食品公司						密码区	略	
	纳税人识别号：450100775685016								
	地址、电话：长湖路 69 号　0771-5588626								
	开户行及账号：工行南宁市长湖支行 21021050090022364 09								
货物或应税劳务、服务名称	规格型号	单位	数 量	单 价	金 额	税率	税 额		
甲材料		公斤	1000	29.12620	29,126.20	3%	873.80		
合　计					￥29,126.20		￥873.80		
价税合计（大写）	⊗ 叁万元整						（小写）￥30,000.00		
销货方	名　称：南宁市利达公司						备注		
	纳税人识别号：450100776585690								
	地址、电话：南宁市长岗路 69 号　　0771-5986895								
	开户行及账号：农行南宁市青环支行 20011101040008886								

收款人：　　　　复核：张小利　　开票人：张小利　　　销货方：（章）

53

28-2

第二联：发票联　购货方记账凭证

57

1 月份业务

南宁市利达公司 450100776585690 发票专用章

南宁市旭日食品公司采购收货单

收货日期：2017 年 1 月 10 日

单号：NO.1007

供货单位	南宁市利达公司			
品名规格	单位	数量	单价	金额
甲材料	公斤	1000	30.00	30,000.00
合　　计				￥30,000.00

仓管员：刘东

54

28-3

第二联：财会联

南宁市利达公司销售出货单

开单日期 2017 年 1 月 11 日　　　　　　　　　出货仓库　　　　　单号：NO. 00030

购货单位	名　称	南宁市旭日食品公司	税务登记号	450100775685016
	地址、电话	长湖路 69 号 5588626	开户行及账号	工行南宁市长湖支行 21021050090022236409

品名规格	单位	数量		单价	金额
		订货数	实发数		
甲材料	公斤	1000	1000	30.00	30,000.00

价税合计（大写）	⊗叁万元整	（小写）¥30,000.00

销售经理：张伟　　审核：张华　　　　　开票：李梅　　　　制单：黄鑫

55　　　　　　　　　　　　　　　　　　　　　　　　　29-1

4500098888　　　　　**广西增值税专用发票**　　　　№ 01309823

代开　　　　　　　　　　**发票联**

开票日期：2017 年 1 月 11 日

税总函【2016】116号广州东港安全印刷有限公司

购货方	名　称：南宁市旭日食品公司 纳税人识别号：450100775685016 地址、电话：长湖路 69 号 0771 - 5588626 开户行及账号：工行南宁市长湖支行 21021050090022236409					密码区	略	
货物或应税劳务、服务名称	规格型号	单位	数量	单价	金额	税率	税额	
甲材料		公斤	1000	29.12620	29,126.20	3%	873.80	
合　计					¥29,126.20		¥873.80	
价税合计（大写）	⊗叁万元整				（小写）¥30,000.00			
销货方	名　称：青秀区国税局办税服务厅自助代开发票终端（代开机关） 纳税人识别号：45010000DK88587（代开机关） 地址、电话：南宁市青秀区金湖路 30 号 0771 - 8848321 开户行及账号：32017110000012345（完税凭证号）					备注	代开企业税号：450100776585690 代开企业名称：南宁市利达公司	

收款人：　　　　复核：　　　　开票人：青秀006　　　销货方：（盖章专用章）

450100776585690

56　　　　　　　　　　　　　　　　　　　　　　　　　29-2

南宁市旭日食品公司采购收货单

收货日期：2017 年 1 月 11 日   单号：NO. 1008

供货单位	南宁市利达公司				
品名规格	单位	数量	单价	金额	
甲材料	公斤	1000	29.1262	29,126.20	
合　计				￥29,126.20	

仓管员：刘东

第二联：财会联

灵山县海利养殖场销售出货单

开单日期 2017 年 1 月 11 日   出货仓库   单号：NO. 00035   **61**

购货单位	名　称	南宁市旭日食品公司		税务登记号	450100775685016
	地址、电话	长湖路 69 号　5588626		开户行及账号	工行南宁市长湖支行 21021050090022236409

品名规格	单位	数量		单价	金额
		订货数	实发数		
乙材料	公斤	1350	1350	20.00	27,000.00
价税合计（大写）	⊗贰万柒仟元整			（小写）	￥27,000.00

销售经理：刘进   审核：张民   开票：余婕   制单：王林

第二联：客户联

4500987345

发票联

税总函【2016】116号广州东港安全印制有限公司

开票日期：2017 年 1 月 11 日

购货方	名　　　称：南宁市旭日食品公司 纳税人识别号：450100775685016 地址、电话：长湖路69号　0771－5588626 开户行及账号：工行南宁市长湖支行 21021050090022366409	密码区	略

货物或应税劳务、服务名称	规格型号	单位	数 量	单 价	金 额	税率	税 额
乙材料(初级农产品)		公斤	1350	20.00	27,000.00	0	0
合　计					￥27,000.00		￥0

价税合计(大写)	⊗ 贰万柒仟元整	(小写)￥27,000.00

销货方	名　　　称：灵山县海利养殖场 纳税人识别号：450100795769096 地址、电话：灵山县民族路52号　0777－4691655 开户行及账号：农行南宁市青环支行 45001200307856897986	备注	灵山县海利养殖场 450100795769096 发票专用章

收款人：　　　　　复核：于婕　　开票人：于婕　　销货方：(章)

59

第二联：发票联　购货方记账凭证

1 月 份 业 务

63

南宁市旭日食品公司采购收货单

收货日期：2017 年 1 月 12 日　　　　　　　　　　　　单号：NO.1009

供货单位	灵山县海利养殖场			
品名规格	单位	数量	单价	金额
乙材料	公斤	1350	17.40	23,490.00
合　　计				￥23,490.00

仓管员：刘东

第二联：财会联

60

南宁佳达公司销售出货单

开单日期 2017 年 1 月 15 日　　　　　　　出货仓库　　　　　　单号：NO.00027

<table>
<tr><td rowspan="2">购货
单位</td><td>名　称</td><td colspan="2">南宁市旭日食品公司</td><td>税务登记号</td><td colspan="2">450100775685016</td></tr>
<tr><td>地址、电话</td><td colspan="2">长湖路 69 号　5588626</td><td>开户行及账号</td><td colspan="2">工行南宁市长湖支行
2102105009002236409</td></tr>
<tr><td colspan="2" rowspan="2">品名规格</td><td rowspan="2">单位</td><td colspan="2">数量</td><td rowspan="2">单价</td><td rowspan="2">金额</td></tr>
<tr><td>订货数</td><td>实发数</td></tr>
<tr><td colspan="2">甲材料</td><td>公斤</td><td>1000</td><td>1000</td><td>35.10</td><td>35,100.00</td></tr>
<tr><td colspan="2"></td><td></td><td></td><td></td><td></td><td></td></tr>
<tr><td colspan="2">价税合计(大写)</td><td colspan="3">⊗叁万伍仟壹佰元整</td><td>(小写)</td><td>￥35,100.00</td></tr>
</table>

销售经理：江一明　　审核：李星　　　　　开票：刘天明　　　　制单：

61

65

南宁市旭日食品公司采购收货单

收货日期：2017 年 1 月 12 日　　　　　　　　　　单号：NO.1009

<table>
<tr><td>供货
单位</td><td colspan="4">南宁佳达公司</td></tr>
<tr><td>品名规格</td><td>单位</td><td>数量</td><td>单价</td><td>金额</td></tr>
<tr><td>甲材料</td><td>公斤</td><td>1000</td><td>35.10</td><td>35,100.00</td></tr>
<tr><td></td><td></td><td></td><td></td><td></td></tr>
<tr><td colspan="4">合　　　计</td><td>￥35,100.00</td></tr>
</table>

仓管员：刘东

62

灵山县海利养殖场销售出货单

开单日期 2017 年 1 月 18 日　　　　　　　　　出货仓库　　　　　单号：NO.00061

<table>
<tr><td rowspan="2">购货
单位</td><td>名　称</td><td colspan="2">南宁市旭日食品公司</td><td>税务登记号</td><td colspan="2">450100775685016</td></tr>
<tr><td>地址、电话</td><td colspan="2">长湖路 69 号　5588626</td><td>开户行及账号</td><td colspan="2">工行南宁市长湖支行
2102105009002236409</td></tr>
<tr><td rowspan="2">品名规格</td><td rowspan="2">单位</td><td colspan="2">数量</td><td rowspan="2">单价</td><td rowspan="2" colspan="2">金额</td></tr>
<tr><td>订货数</td><td>实发数</td></tr>
<tr><td>乙材料</td><td>公斤</td><td>1500</td><td>1500</td><td>20.00</td><td colspan="2">30,000.00</td></tr>
<tr><td></td><td></td><td></td><td></td><td></td><td colspan="2"></td></tr>
<tr><td>价税合计（大写）</td><td colspan="3">⊗叁万元整</td><td colspan="2">（小写）¥30,000.00</td></tr>
</table>

销售经理：刘进　　　审核：张民　　　　开票：余婕　　　　　　制单：王林

63　　　　　　　　　　　　　　　　　　　　　　　　　　　32-1

4500987345

广西增值税普通发票

№ 013098675

67

发票联

开票日期：2017 年 1 月 18 日

<table>
<tr><td rowspan="4">购货方</td><td>名　称：</td><td colspan="6">南宁市旭日食品公司</td><td rowspan="4">密码区</td><td rowspan="4">略</td></tr>
<tr><td>纳税人识别号：</td><td colspan="6">450100775685016</td></tr>
<tr><td>地址、电话：</td><td colspan="6">长湖路 69 号　0771－5588626</td></tr>
<tr><td>开户行及账号：</td><td colspan="6">工行南宁市长湖支行 2102105009002236409</td></tr>
<tr><td colspan="2">货物或应税劳务、服务名称</td><td>规格型号</td><td>单位</td><td>数量</td><td>单价</td><td>金额</td><td>税率</td><td>税额</td></tr>
<tr><td colspan="2">乙材料（初级农产品）</td><td></td><td>公斤</td><td>1500</td><td>20.00</td><td>30,000.00</td><td>0</td><td>0</td></tr>
<tr><td colspan="2">合　计</td><td></td><td></td><td></td><td></td><td>¥30,000.00</td><td></td><td>¥0</td></tr>
<tr><td colspan="2">价税合计（大写）</td><td colspan="4">⊗叁万元整</td><td colspan="3">（小写）¥30,000.00</td></tr>
<tr><td rowspan="4">销货方</td><td>名　称：</td><td colspan="5">灵山县海利养殖场</td><td rowspan="4">备注</td><td rowspan="4"></td></tr>
<tr><td>纳税人识别号：</td><td colspan="5">450100795769096</td></tr>
<tr><td>地址、电话：</td><td colspan="5">灵山县民族路 52 号　0777－4691655</td></tr>
<tr><td>开户行及账号：</td><td colspan="5">农行南宁市青环支行 4500120030785689798</td></tr>
</table>

收款人：　　　复核：于婕　　　开票人：于婕　　　销货方：（章）

64　　　　　　　　　　　　　　　　　　　　　　　　　　　32-2

南宁市旭日食品公司采购收货单

收货日期：2017 年 1 月 18 日 单号：NO.1011

第二联：财会联

供货单位	灵山县海利养殖场				
品名规格	单位	数量	单价	金额	
乙材料	公斤	1500	17.40	26,100.00	
合　　计				￥26,100.00	

仓管员：刘东

65

32-3

1 月 份 业 务

450009845

收购

广西增值税普通发票

发票联

No 19598675

69

开票日期：2017 年 1 月 18 日

税总函【2016】116号广州东港安全印刷有限公司

购货方	名　　　称：南宁市旭日食品公司				密码区	略	
	纳税人识别号：450100775685016						
	地址、电话：长湖路69号 0771-5588626						
	开户行及账号：工行南宁市长湖支行 21021050090022236409						
货物或应税劳务、服务名称	规格型号	单位	数量	单价	金额	税率	税额
丙材料（初级农产品）		公斤	5000	2.00	10,000.00	0	0
合　　计					￥10,000.00		￥0
价税合计（大写）	⊗壹万元整				(小写)￥10,000.00		
销货方	名　　　称：刘阳				备注		
	纳税人识别号：450102196402280000						
	地址、电话：南宁市良庆区达里村4大队 18258796164						
	开户行及账号：						

收款人： 复核：李芸 开票人：李芸 销货方：(章)

66

33-1

第二联：发票联 购货方记账凭证

南宁市旭日食品公司采购收货单

收货日期：2017 年 1 月 18 日

供货单位	刘阳				
品名规格	单位	数量	单价	金额	
丙材料	公斤	5000	1.74	8,700.00	
合　　计					￥8,700.00

仓管员：刘东

67

33-2

1 月份业务

71

南宁市利达公司销售出货单

开单日期 2017 年 1 月 28 日　　　　　　出货仓库　　　单号：NO.00068

购货单位	名　　称	南宁市旭日食品公司		税务登记号		450100775685016
	地址、电话	长湖路 69 号　5588626		开户行及账号		工行南宁市长湖支行 2102105009002236409
品名规格	单位	数量		单价		金额
		订货数	实发数			
甲材料	公斤	500	500	30.00		15,000.00
价税合计（大写）	⊗壹万伍仟元整				（小写）	￥15,000.00

销售经理：张伟　　　审核：张华　　　　开票：李丹　　　　制单：黄鑫

68

34-1

第二联：客户联

4500098888

广西增值税普通发票

发票联

No 01457635

开票日期：2017 年 1 月 28 日

购货方	名　　　称：南宁市旭日食品公司 纳税人识别号：450100775685016 地 址、电 话：长湖路69号　0771－5588626 开户行及账号：工行南宁市长湖支行 21021050090022236409				密码区		略	
货物或应税劳务、服务名称	规格型号	单位	数 量	单 价	金 额	税率	税 额
甲材料		公斤	500	29.12620	14,563.10	3%	436.90
合　　计					￥14,563.10		￥436.90
价税合计（大写）	⊗壹万伍仟元整				（小写）￥15,000.00		
销货方	名　　　称：南宁市利达公司 纳税人识别号：450100776585690 地 址、电 话：南宁市长岗路69号　0771－5986895 开户行及账号：农行南宁市青环支行 20011101040008886				备注		450100776585690 发票专用章	

收款人：　　　　　　　复核：张小利　　开票人：张小利　　　销货方：（章）

69

34-2

73

1 月 份 业 务

第二联：发票联　购货方记账凭证

南宁市旭日食品公司采购收货单

收货日期：2017 年 1 月 28 日

单号：NO.1013

供 货 单 位	南宁市利达公司			
品名规格	单位	数量	单价	金额
甲材料	公斤	500	30.00	15,000.00
合　　　　计				￥15,000.00

仓管员：刘东

70

34-3

第二联：财会联

南宁市利达公司销售出货单

开单日期 2017 年 1 月 29 日　　　　　　出货仓库　　　　单号：NO.00077

购货单位	名　称	南宁市旭日食品公司		税务登记号	450100775685016
	地址、电话	长湖路 69 号　5588626		开户行及账号	工行南宁市长湖支行 21021050090022236409

品名规格	单位	数量		单价	金额
		订货数	实发数		
甲材料	公斤	500	500	30.00	15,000.00
价税合计（大写）	⊗壹万伍仟元整			（小写）	￥15,000.00

销售经理：张伟　　　审核：张华　　　　　开票：李梅　　　　　制单：黄鑫

71　　　　　　　　　　　　　　　　　　　　　　　　　　35-1

4500098888　　　　　　　广西增值税专用发票　　　　№ 01300956

75

发票联

代开　　　　　　　　　　　　　　　　　　开票日期：2017 年 1 月 29 日

购货方	名　称：南宁市旭日食品公司 纳税人识别号：450100775685016 地址、电话：长湖路 69 号　0771－5588626 开户行及账号：工行南宁市长湖支行 21021050090022236409				密码区	略	
货物或应税劳务、服务名称	规格型号	单位	数 量	单价	金额	税率	税 额
甲材料		公斤	500	29.12622	14563.11	3%	436.89
合　计					￥14,563.11		￥436.89
价税合计（大写）	⊗壹万伍仟元整				（小写）￥15,000.00		
销货方	名　称：青秀区国税局办税服务厅自助代开发票终端（代开机关） 纳税人识别号：45010000DK88587　　　　　（代开机关） 地址、电话：南宁市青秀区金湖路 30 号　0771－8848321 开户行及账号：32017110000012345　　　（完税凭证号）				备注	代开企业税号：450100776585690 代开企业名称：南宁市利达公司	

收款人：　　　　复核：　　　　开票人：青秀006　　　销货方：（盖票专用章）

税总函【2016】116号广州东港安全印制有限公司

72　　　　　　　　　　　　　　　　　　　　　　　　　　35-2

南宁市旭日食品公司采购收货单

收货日期: 2017 年 1 月 29 日 　　　　　　　　　　　　　　　　单号: NO.1014

供 货 单 位	南宁市利达公司			
品名规格	单位	数量	单价	金额
甲材料	公斤	500	29.12622	14,563.11
合　　计				￥14,563.11

仓管员: 刘东

73

35-3

(三)费用业务

77

用 款 申 请 书

2017 年 1 月 21 日

申请部门	销售部	用　途	付广告费
经办人	李佳		
结算方式	转账	金　额	1,500.00
对方单位名称	南宁思雨广告公司	开户银行	工行南宁市江南支行
		账　号	2102105632478256235
领导批示: 同意 李明 2017 年 1 月 21 日	会计主管人员意见: 同意 王波 2017 年 1 月 21 日	部门领导意见: 同意 朱利 2017 年 1 月 21 日	

74

36-1

企业真账演练——工业企业

4589698765

发票联

No 19898648

开票日期：2017 年 1 月 23 日

购货方	名　　称：南宁市旭日食品公司						密码区	略		
	纳税人识别号：450100775685016									
	地址、电话：长湖路 69 号　0771-5588626									
	开户行及账号：工行南宁市长湖支行 2102105009002236409									
货物或应税劳务、服务名称	规格型号	单位	数　量	单　价		金额	税率	税　额		
广告费			1	1,415.09		1,415.09	6%	84.91		
合　计						¥1,415.09		¥84.91		
价税合计（大写）	⊗壹仟伍佰元整					（小写）¥1,500.00				
销货方	名　　称：南宁思雨广告公司						备注			
	纳税人识别号：45010077652457									
	地址、电话：南宁市青山路 69 号　0771-5988885									
	开户行及账号：农行南宁市青山支行 45025698756329856									

收款人：　　　　　复核：李黎　　　开票人：李黎　　　销货方：（章）

75

36-2

南宁思雨广告公司
45010077652457
发票专用章

第二联：发票联　购货方记账凭证

1 月 份 业 务

79

税总函【2016】116号广州东港安全印制有限公司

中国工商银行（桂）
转账支票存根

B/0　　X/2　　00631882

附加信息

出票日期 2017 年 1 月 21 日

| 收款人：南宁思雨广告公司 |
| 金　额：1,500.00 |
| 用　途：广告费 |

单位主管　　　　会计

76

36-3

云南证券印务有限公司2015年印制

中国工商银行进账单(回单)

2017年1月21日

出票人	全　称	南宁市旭日食品公司	收款人	全　称	南宁思雨广告公司
	账　号	2102105009002236409		账　号	2102105632478256235
	开户银行	工行南宁市长湖支行		开户银行	工行南宁市江南支行
金额	人民币(大写)	⊗壹仟伍佰元整		千百十万千百十元角分	￥150000
汇出行签章		中国工商银行 南宁市长湖支行 2017年1月21日 业务清讫		支付密码 附加信息及用途	广告费

此联是出票人开户银行交给出票人的回单

77　　　36-4

费用报销单

报销部门：制造部　　　填报日期：2017年1月23日

报销事由	金额		
A4打印纸	500.00	单位领导	同意 李明 2017年1月23日
现金付讫			
		部门领导	同意 陈可铭 2017年1月23日
合计(大写)⊗伍佰元整	小写 500.00		

会计主管：王波　　出纳：李芸　　填制人：张丽

78　　　37-1

企业真账演练——工业企业

4589870985

広西增值税专用发票

No 19809456

发票联

第二联：发票联 购货方记账凭证

税总函 [2016] 116号广州东港安全印刷有限公司

开票日期：2017 年 1 月 23 日

购货方	名　　称：南宁市旭日食品公司						密码区	略		
	纳税人识别号：450100775685016									
	地址、电话：长湖路69号　0771-5588626									
	开户行及账号：工行南宁市长湖支行 21021050090022364409									

货物或应税劳务、服务名称	规格型号	单位	数量	单价	金额	税率	税额
A4打印纸			2	213.675	427.35	17%	72.65
合　计					￥427.35		￥72.65
价税合计(大写)　⊗伍佰元整					(小写)￥500.00		

销货方	名　　称：南宁新力文化用品公司	备注	南宁新力文化用品公司 450100077458765 发票专用章
	纳税人识别号：45010077458765		
	地址、电话：南宁市中山路69号　0771-5988968		
	开户行及账号：农行南宁市中山支行 45968562487526825		

收款人：　　　　　复核：李丽红　　开票人：李丽红　　销货方：(章)

79

37-2

83

1 月 份 业 务

费 用 报 销 单

报销部门：行政部　　　　填报日期：2017 年 1 月 23 日

报　销　事　由	金　额	单位领导	同意 李明 2017 年 1 月 23 日
刘东生活困难补助	500.00		
现金付讫			
		部门领导	同意 朴相良 2017 年 1 月 23 日
合计(大写)⊗伍佰元整	小写 500.00		

会计主管：王波　　　　出纳：李芸　　　　填制人：王海

80

38-1

南宁市旭日食品公司　　**生活困难补助**　　发放表　　2017年1月23日

序 号	姓 名	金 额	签 名	序 号	姓 名	金 额	签 名
1	刘东	500.00	刘东	1			
2				2			
3				3			
4				4			
5				5			
6				6			
7				7			
8				8			
9				9			
10				10			
合计(大写)：⊗伍佰元整						500.00	

主管： 李明　　　　审核： 王波　　　　部门领导：朴相良　　　制表： 王海

81

38-2

用 款 申 请 书

85

2017 年 1 月 23 日

申请部门	行政部	用　途	付厂房天面修缮费
经办人	王海		
结算方式	转账	金　额	1,200.00
对方单位名称	南宁市百瑞房屋维修公司	开户银行	工行南宁市新城分理处
		账　号	21021045016679500036
领导批示：同意 李明 2017 年 1 月 23 日		会计主管人员意见：同意 王波 2017 年 1 月 23 日	部门领导意见：同意 朴相良 2017 年 1 月 23 日

82

39-1

1月份业务

4589980645

No 19809568

发票联

开票日期: 2017 年 1 月 9 日

购货方	名　　称: 南宁市旭日食品公司 纳税人识别号: 450100775685016 地址、电话: 长湖路 69 号　0771－5588626 开户行及账号: 工行南宁市长湖支行 21021050090002236409				密码区	略		
货物或应税劳务、服务名称	规格型号	单位	数量	单价	金额	税率	税额
天面补漏		公斤	1	1,165.05	1,165.05	3%	34.95
合　计					￥1,165.05		￥34.95
价税合计(大写)	⊗壹仟贰佰元整				(小写)￥1,200.00		

销货方	名　　称: 南宁市百瑞房屋维修公司 纳税人识别号: 45010077768756 地址、电话: 南宁市金湖路 29 号　0771－5925225 开户行及账号: 工行南宁市新城分理处 21021045016667950036	备注

收款人:　　　　　复核: 王方　　　　开票人: 王方　　　　销货方: (章)

83

39-2

87

税总函 【2016】116号广州东港安全印刷有限公司

第二联: 发票联　购货方记账凭证

1 月 份 业 务

中国工商银行 (桂)
转账支票存根

$\frac{B}{0}$ 　X 　　00631883

附加信息

出票日期 2017 年 1 月 24 日

收款人: 南宁市百瑞房屋维修公司

金　额: 1,200.00

用　途: 房屋维修

单位主管　　　　　会计

84　　　　　39-3

云南证券印务有限公司2015年印制

中国工商银行进账单(回单)

2017 年 1 月 24 日

<table>
<tr><td rowspan="3">出票人</td><td>全　称</td><td>南宁市旭日食品公司</td><td rowspan="3">收款人</td><td>全　称</td><td colspan="12">南宁市百瑞房屋维修公司</td></tr>
<tr><td>账　号</td><td>21021050090002236409</td><td>账　号</td><td colspan="12">21021045016677950036</td></tr>
<tr><td>开户银行</td><td>工行南宁市长湖支行</td><td>开户银行</td><td colspan="12">工行南宁市新城分理处</td></tr>
<tr><td rowspan="2">金额</td><td>人民币
(大写)</td><td colspan="3">⊗壹仟贰佰元整</td><td>千</td><td>百</td><td>十</td><td>万</td><td>千</td><td>百</td><td>十</td><td>元</td><td>角</td><td>分</td></tr>
<tr><td colspan="3">中国工商银行
南宁市长湖支行
2017年1月24日
业务清讫</td><td colspan="10">¥120000</td></tr>
<tr><td colspan="3">汇出行签章</td><td>支付密码
附加信息及用途</td><td colspan="11">维修费</td></tr>
</table>

85

39-4

费 用 报 销 单

报销部门：行政部　　　　　　　填报日期：2017 年 1 月 24 日

<table>
<tr><td colspan="2">报 销 事 由</td><td>金 额</td><td rowspan="3">单位领导</td><td rowspan="3">同意李明
2017 年 1 月 24 日</td></tr>
<tr><td colspan="2">汽车维修费</td><td>400.00</td></tr>
<tr><td colspan="2">现金付讫</td><td></td></tr>
<tr><td colspan="2"></td><td></td><td rowspan="2">部门领导</td><td rowspan="2">同意朴相良
2017 年 1 月 24 日</td></tr>
<tr><td colspan="2"></td><td></td></tr>
<tr><td>合计(大写)⊗肆佰元整</td><td>小写 400.00</td><td></td><td></td><td></td></tr>
</table>

会计主管：　王波　　　　　　出纳：　李芸　　　　　　填制人：　王海

86

40-1

4589095683

广西增值税专用发票　　No 19808235

发票联

开票日期：2017 年 1 月 20 日

购货方	名　　　称：南宁市旭日食品公司 纳税人识别号：450100775685016 地址、电话：长湖路69号　0771-5588626 开户行及账号：工行南宁市长湖支行 2102105009002236409					密码区		略	
货物或应税劳务、服务名称	规格型号	单位	数量	单价	金额	税率	税额	
维修费			1	400.00	341.88	17%	58.12	
合　计					¥341.88		¥58.12	
价税合计（大写）　⊗肆佰元整					（小写）¥400.00			
销货方	名　　　称：南宁市车友汽车修理公司 纳税人识别号：45010077050607 地址、电话：南宁市金湖路29号　0771-5925886 开户行及账号：工行南宁市金湖支行 450000200509584009					备注			

收款人：　　　　复核：李丽红　开票人：李丽红　　销货方：（章）

87　　　　　　　　　　　　　　　　　　　　　　　　　　　　40-2

91

1 月 份 业 务

用 款 申 请 书

2017 年 1 月 24 日

申请部门	销售部	用　途	付运费
经办人	李佳		
结算方式	转账	金　额	600.00
对方单位名称	南宁顺利物流公司	开户银行	工行南宁市江南支行
		账　号	2102104500339357985
领导批示：同意 李明 2017 年 1 月 24 日	会计主管人员意见：同意 王波 2017 年 1 月 24 日	部门领导意见：同意 朱利 2017 年 1 月 24 日	

88　　　　　　　　　　　　　　　　　　　　　　　　　　　　41-1

广西增值税专用发票

发票联

开票日期: 2017 年 1 月 4 日

购货方	名　　　称: 南宁市旭日食品公司 纳税人识别号: 450100775685016 地　址、电话: 长湖路69号　0771-5588626 开户行及账号: 工行南宁市长湖支行 2102105009002236409					密码区	略		
货物或应税劳务、服务名称	规格型号	单位	数量	单价		金额	税率	税额
运输服务费			1	540.54		540.54	11%	59.46
合　计						￥540.54		￥59.46
价税合计(大写)	⊗陆佰元整					(小写)￥600.00		
销货方	名　　　称: 南宁顺利物流公司 纳税人识别号: 450111771055751 地　址、电话: 南宁市安吉路35号　0771-3925543 开户行及账号: 建行南宁市安吉路支行 450000200509584009					备注			

收款人:
89

复核: 陈柳云　　　开票人: 陈柳云　　　销货方: (章)

税总函【2016】116号 广州东港安全印制有限公司

第二联: 发票联　购货方记账凭证

1 月 份 业 务

中国工商银行 (桂)
转账支票存根

$\frac{B}{0}$　$\frac{X}{2}$　　00631884

附加信息

出票日期 2017 年 1 月 24 日

收款人:	南宁顺利物流公司
金　额:	600.00
用　途:	运费

单位主管　　　　会计
90　　　　　　　41-3

云南证券印务有限公司2015年印制

中国工商银行进账单(回单)

2017 年 1 月 24 日

出票人	全 称	南宁市旭日食品公司	收款人	全 称	南宁顺利物流公司
	账 号	21021050090022236409		账 号	21021045003339357985
	开户银行	工行南宁市长湖支行		开户银行	工行南宁市新城分理处

金额	人民币 (大写)	⊗陆佰元整		千 百 十 万 千 百 十 元 角 分
				¥ 6 0 0 0 0

中国工商银行
南宁市长湖支行
2017年1月24日
业务清讫

汇出行签章

支付密码
附加信息及用途   维修费

91

中国工商银行特种转账借方凭证

币种:人民币   2017 年 1 月 25 日   流水号:0034675

付款人	全 称	南宁市旭日食品公司	收款人	全 称	广西电网公司南宁供电局
	账 号	21021050090022236409		账 号	45001604951050502712
	开户行	工行南宁市长湖支行		开户行	建行南宁市福建园支行

金额	(大写)	⊗贰仟伍佰柒拾肆元整	¥2,574.00

中国工商银行
南宁市长湖支行
2017年1月25日
业务清讫

用途	代扣电费	
备注:		银行盖章

92

广西增值税专用发票

发票联

开票日期：2017 年 1 月 25 日

<table>
<tr><td rowspan="4">购货方</td><td>名　　　称：</td><td colspan="6">南宁市旭日食品公司</td><td rowspan="4">密码区</td><td rowspan="4">略</td></tr>
<tr><td>纳税人识别号：</td><td colspan="6">450100775685016</td></tr>
<tr><td>地　址、电话：</td><td colspan="6">长湖路 69 号　0771－5588626</td></tr>
<tr><td>开户行及账号：</td><td colspan="6">工行南宁市长湖支行 21021050090022364409</td></tr>
<tr><td colspan="2">货物或应税劳务、服务名称</td><td>规格型号</td><td>单位</td><td>数量</td><td>单价</td><td>金额</td><td>税率</td><td>税　额</td></tr>
<tr><td colspan="2">1月电费</td><td></td><td></td><td></td><td></td><td>2,200.00</td><td>17%</td><td>374.00</td></tr>
<tr><td colspan="2">合　计</td><td></td><td></td><td></td><td></td><td>￥2,200.00</td><td></td><td>￥374.00</td></tr>
<tr><td colspan="2">价税合计(大写)</td><td colspan="5">⊗ 貳仟伍佰柒拾肆元整</td><td colspan="2">(小写)￥2,574.00</td></tr>
<tr><td rowspan="4">销货方</td><td>名　　　称：</td><td colspan="6">广西电网公司南宁供电局</td><td rowspan="4">备注</td><td rowspan="4">西电网公司南宁供电
450100898221886
发票专用章</td></tr>
<tr><td>纳税人识别号：</td><td colspan="6">450100898221886</td></tr>
<tr><td>地　址、电话：</td><td colspan="6">南宁市星光大道 43 号　0771－4992502</td></tr>
<tr><td>开户行及账号：</td><td colspan="6">建行南宁市安吉路支行 45001604951050502712</td></tr>
</table>

收款人：　　　　　复核：张东　　开票人：张东　　销货方：(章)

税总函【2016】116号广州东港安全印制有限公司

第二联：发票联　购货方记账凭证

1 月 份 业 务

电费分配表

2017 年 1 月 25 日

部　门	使用数量(度)	分配率/%	分配金额/元
生产部门	3600	83.92	1,846.15
管理部门	380	8.86	194.87
销售部门	310	7.23	158.98
合　计	4290	100.00	2,200.00

制单：王海

中国工商银行特种转账借方凭证

币种：人民币　　　　　2017 年 1 月 25 日　　　　　流水号：0032562

付款人	全　称	南宁市旭日食品公司	收款人	全　称	广西绿城水务股份有限公司
	账　号	21021050009002236409		账　号	45001604951050502168
	开户行	工行南宁市长湖支行		开户行	建行南宁市江南支行
金额	(大写)	⊗壹仟贰佰壹拾玖元整			￥1,219.00
用途		代扣水费			中国工商银行 南宁市长湖支行 2017年1月25日 业务清讫 银行盖章
备注：					

95　　　　　　　　　　　　　　　　　　　　　　　　　　43-1

第二联：客户回单

45890094767

广西增值税专用发票
发票联

No 19800634

99

开票日期：2017 年 1 月 23 日

购货方	名　称：南宁市旭日食品公司 纳税人识别号：450100775685016 地址、电话：长湖路 69 号　0771-5588626 开户行及账号：工行南宁市长湖支行 21021050009002236409				密码区	略		
货物或应税劳务、服务名称	规格型号	单位	数　量	单　价	金　额	税率	税　额
1月水费					1,150.00	6%	69.00
合　计					￥1,150.00		￥69.00
价税合计(大写)	⊗壹仟贰佰壹拾玖元整				(小写)￥1,219.00		
销货方	名　称：广西绿城水务股份有限公司 纳税人识别号：450100791346584 地址、电话：南宁市体育路 4 号　0771-4812828 开户行及账号：建行南宁市江南支行 45001604951050502168				备注	广西绿城水务股份有限公司 450100791346584 发票专用章		

收款人：　　　复核：张暄　　　开票人：张暄　　　销货方：(章)

96　　　　　　　　　　　　　　　　　　　　　　　　　　43-2

税总函【2016】116号广州东港安全印制有限公司

第二联：发票联　购货方记账凭证

水费分配表

2017 年 1 月 25 日

部 门	使用数量(吨)	分配率/%	分配金额/元
生产部门	290	95.16	1,094.34
管理部门	6.25	2.05	23.58
销售部门	8.5	2.79	32.08
合 计	304.75	100.00	1,150.00

制单：王海

97

43-3

中国工商银行特种转账借方凭证

币种：人民币　　　　2017 年 1 月 25 日　　　　流水号：003251

付款人	全 称	南宁市旭日食品公司	收款人	全 称	中国电信股份有限公司 广西分公司
	账 号	21021050090022236409		账 号	45001604951050502560
	开户行	工行南宁市长湖支行		开户行	建行南宁市民乐路支行
金额	(大写)	⊗壹仟陆佰贰拾元整			￥1,620.00
用途	电信联网批扣				
备注：					

中国工商银行
南宁市长湖支行
2017年1月25日
业务清讫

银行盖章

第二联：客户回单

98

44-1

45890094767

广西增值税专用发票

发票联

No 19800634

开票日期：2017 年 1 月 25 日

购货方						
名　　称：南宁市旭日食品公司					密码区	略
纳税人识别号：450100775685016						
地址、电话：长湖路69号　0771－5588626						
开户行及账号：工行南宁市长湖支行 2102105009002236409						

货物或应税劳务、服务名称	规格型号	单位	数　量	单　价	金　额	税率	税　额
宽带费、市话费、月租			1	553.15	553.15	11%	60.85
来电显示、长话			1	906.31	906.31	11%	99.69
合　计					￥1,459.46		￥160.54

价税合计(大写)	⊗壹仟陆佰贰拾元整	(小写)￥1,620.00

销货方	
名　　称：广西电信股份有限公司	备注
纳税人识别号：450100958215639	
地址、电话：南宁市民族大道51号　0771－2275833	
开户行及账号：建行民乐路支行　45001604951052502560	

收款人：　　　　复核：刘美丽　　开票人：刘美丽　　销货方：(章)

99

44-2

税总函【2016】116号广州东港安全印制有限公司

电话费明细表

2017 年 1 月 25 日

部　门	话费金额/元
生产部门	405.41
管理部门	558.56
销售部门	495.49
合　计	1,459.46

制单：王海

100

44-3

用 款 申 请 书

2017 年 1 月 24 日

申请部门	销售部	用　途	付1-3月铺面租金
经办人	李佳		
结算方式	转账	金　额	3,000.00
对方单位名称	南宁市众旺物业管理公司	开户银行	工行南宁金湖支行
		账　号	4507772005099584889
领导批示：同意 李明 2017 年 1 月 25 日	会计主管人员意见：同意 王波 2017 年 1 月 25 日	部门领导意见：同意 朱利 2017 年 1 月 25 日	

101

中国工商银行（桂）
转账支票存根

$\dfrac{B}{0}$　$\dfrac{X}{2}$　　00631885

附加信息 _____

_____

_____

出票日期 2017 年 1 月 25 日

收款人：南宁众旺物业管理公司

金　额：3,000.00

用　途：付1-3月铺面租金

单位主管　　　　会计

102

中国工商银行进账单(回单)

2017 年 1 月 25 日

出票人	全 称	南宁市旭日食品公司	收款人	全 称	南宁市众旺物业管理公司
	账 号	2102105009002236409		账 号	450777200509584889
	开户银行	工行南宁市长湖支行		开户银行	工行南宁市江南支行

金额	人民币(大写)	⊗叁仟元整	千	百	十	万	千	百	十	元	角	分
						¥	3	0	0	0	0	0

中国工商银行
南宁市长湖支行
2017年1月25日
业务清讫

汇出行签章

支付密码
附加信息及用途　　　1-3月租金

103　　　　　　　　　　　　　　　　　　　　　　　　　　　　　　45-3

4589607427

广西增值税专用发票

发票联

No 19887245

107

开票日期：2017 年 1 月 25 日

购货方	名　称：南宁市旭日食品公司 纳税人识别号：450100775685016 地址、电话：长湖路69号　0771-5588626 开户行及账号：工行南宁市长湖支行 2102105009002236409	密码区	略

货物或应税劳务、服务名称	规格型号	单位	数量	单 价	金额	税率	税 额
2017年1～3月租金					2,702.70	11%	297.30
合　计					¥2,702.70		¥297.30

价税合计(大写)	⊗叁仟元整	(小写)¥3,000.00

销货方	名　称：南宁市众旺物业管理公司 纳税人识别号：450100224578466 地址、电话：南宁市金湖路30号　0771-5966666 开户行及账号：工行南宁金湖支行　450777200509584889	备注	南宁市众旺物业管理公司 450100224578466 发票专用章

收款人：　　　　复核：杨清　　　开票人：杨清　　　销货方：(章)

104　　　　　　　　　　　　　　　　　　　　　　　　　　　　　　45-4

旅差费报销明细表

申请部门	销售部	姓名	李佳		出差地点	桂林	出差日期	自2017年1月9日至2017年1月14日计6天					
事由						开订货会							

日期			起讫地点		车船费		住宿费	伙食补助		公杂费		杂支		备注
年	月	日	起	讫	类别	金额		天数	金额	天数	金额	项目	金额	
2017	1	9	南宁	桂林	汽车	75.00	1,000.00	5	300.00	5	100.00	交通费		
2017	1	14	桂林	南宁	汽车	75.00		1	60.00	1	20.00	其他		
小		计				150.00	1,000.00		360.00		120.00		1,630.00	

以上单据共叁张总计金额 ⊗壹仟陆佰叁拾元整 　　　　　　　1,630.00

领导批示: 李明　　会计主管意见: 王波　　部门意见: 朱利　　　　　　　报销人 李佳

105　　　　　　　　　　　　　　　　　　　　　　　　　　　　　　　　　46-1

收 款 收 据

2017 年 1 月 26 日　　　　　　　　　　　No. 0036503

109

今收到 李佳交回现金

现金收讫

金额(大写)　⊗叁佰柒拾元整

(小　写)　　¥370.00

备注: 原借款2000元,交回1630元单据冲账。

收款单位(财务专用章)

收款人: 李芸

4589609075

广西增值税专用发票　　　No 19880934

发票联

开票日期：2017 年 1 月 25 日

<table>
<tr><td rowspan="4">购货方</td><td>名　　　称：</td><td colspan="5">南宁市旭日食品公司</td><td rowspan="4">密码区</td><td rowspan="4">略</td></tr>
<tr><td>纳税人识别号：</td><td colspan="5">450100775685016</td></tr>
<tr><td>地址、电话：</td><td colspan="5">长湖路 69 号　　0771－5588626</td></tr>
<tr><td>开户行及账号：</td><td colspan="5">工行南宁市长湖支行 21021050090002236409</td></tr>
<tr><td colspan="2">货物或应税劳务、服务名称</td><td>规格型号</td><td>单位</td><td>数量</td><td>单价</td><td>金额</td><td>税率</td><td>税额</td></tr>
<tr><td colspan="2">住宿费</td><td></td><td>天</td><td>5</td><td>188.68</td><td>943.40</td><td>6%</td><td>56.60</td></tr>
<tr><td colspan="2">合　　计</td><td></td><td></td><td></td><td></td><td>￥943.40</td><td></td><td>￥56.60</td></tr>
<tr><td colspan="2">价税合计（大写）</td><td colspan="4">⊗ 壹仟元整</td><td colspan="3">（小写）￥1,000.00</td></tr>
<tr><td rowspan="4">销货方</td><td>名　　　称：</td><td colspan="5">桂林市美化大酒店</td><td rowspan="4">备注</td><td rowspan="4"></td></tr>
<tr><td>纳税人识别号：</td><td colspan="5">450123214563214</td></tr>
<tr><td>地址、电话：</td><td colspan="5">桂林漓江路 31 号　　0773－3315654</td></tr>
<tr><td>开户行及账号：</td><td colspan="5">工行桂林市漓江支行 4501302586123654789</td></tr>
</table>

收款人：　　　　复核：刘雨　　开票人：刘雨　　销货方：（章）

桂林市美化大酒店
450123214563214
发票专用章

107　　　　　　　　　　　　　　　　　　　　46-3

111

广西壮族自治区　南宁市道路客运微机发票
南宁市好运运输集团公司

发票联

南宁（至）　桂林快（直达）

票　价：　75 元　　　　座位：　NN0971 次 23 号座

乘车时间：　　2017 年 1 月 9 日 10 时 30 分

乘车地点：　琅东客运站　　检票口：21

发票代码：　245020912101

发票号码：　00980008

当日当次车有效，无结算联作废。（手写无效）

票价含建金、设施费

南宁市好运运输集团公司
450100198334879
发票专用章

桂 B09020 南宁市金瑞印刷厂承印

108　　　　　　　　　　　　　　　　　　　　46-4

税总函【2016】116号广州东港安全印刷有限公司

第二联：发票联　购货方记账凭证

1 月 份 业 务

广西壮族 南宁市道路客运微机发票
自 治 区 南宁市好运运输集团公司
发票联

桂林(至) 南宁快(直达)

票 价： 75 元 座位： NN0971 次 33 号座

乘车时间： 2017 年 1 月 14 日 19 时 30 分

乘车地点： 桂林客运站 检票口： 11

发票代码： 245020912101

发票号码： 00980035

当日当次车有效，无结算联作废。(手写无效)

票价含建金、设施费

桂B09020南宁市金瑞印刷厂承印

109 46-5

113

南宁市旭日食品公司出差任务书
2017 年 1 月 8 日

姓名	李佳	部门	销售部	职别		出差地	桂林	时间	2017.1.9 - 2017.1.15
目的		开订货会				预借旅差费	￥2000		
领导审批	同意李明 2017 年 1 月 8 日		部门审批	同意朱利 2017 年 1 月 8 日			备注		

110 46-6

对公收费交易回单

2017 年 1 月 26 日

付费账号：21021050090022236409

付费户名：南宁市旭日食品公司

开户行：工行南宁市长湖支行

币种：人民币

合计实收金额(大写)：　贰拾元整

合计实收金额(小写)：　20.00

合计应收金额：　20.00

付费方式：转账

摘要(收费项目)：　手续费

序号	实收金额	应收金额
1	20.00	20.00

中国工商银行
南宁市长湖支行
2017年1月26日
业务清讫

111

（四）销售业务

南宁市旭日食品公司销售出货单

开单日期 2017 年 1 月 1 日　　　　　　　　　　　　　　　　单号：NO.0001

出货仓库　2　　　　　　　　　　　结算方式：赊销

购货单位	名　称	南宁市同顺公司		税务登记号			
	地址、电话			开户行及账号			
品名规格	单位	数量	单价	金额	税率	税金	
A产品	件	500	70.00	35,000.00	17%	5,950.00	
合计				￥35,000.00		￥5,950.00	
价税合计	⊗肆万零玖佰伍拾元整			(小写)		￥40,950.00	

用户签名：王秀丽　　　　仓管：刘东　　　　业务员：李佳　　　　开单人：李佳

第二联：财会联

112

广西增值税专用发票

此联不作报销、扣税凭证使用

开票日期：2017 年 1 月 2 日

购货方	名　　称：南宁市同顺公司 纳税人识别号：450100775786541 地址、电话：南宁市长湖路 1 号　0771－8888888 开户行及账号：工行支行　　4598776655451240000					密码区	略		
货物或应税劳务、服务名称	规格型号	单位	数量	单价	金额	税率	税 额		
A产品		件	500	70.00	35,000.00	17%	5,950.00		
合　计					¥35,000.00		¥5,950.00		
价税合计(大写)	⊗肆万零玖佰伍拾元整				(小写)¥40,950.00				
销货方	名　　称：南宁市旭日食品公司 纳税人识别号：450100775685016 地址、电话：长湖路 69 号　　0771－5588626 开户行及账号：工行南宁市长湖支行2102105009002236409					备注	南宁市旭日食品公司 450100775685016 发票专用章		

收款人：　　　　　　复核：李芸　　　开票人：李芸　　　销货方：（章）

113

48-2

南宁市旭日食品公司销售出货单

开单日期2017 年 1 月 5 日

单号：NO.0002

出货仓库 2

结算方式：赊销

购货单位	名　　称	南宁市同顺公司		税务登记号			
	地址、电话			开户行及账号			
品名规格	单位	数量	单价	金额	税率	税金	
甲材料	公斤	200	35.00	7,000.00	17%	1,190.00	
合计				¥7,000.00		¥1,190.00	
价税合计	⊗捌仟壹佰玖拾元整			(小写)	¥8,190.00		

用户签名：王秀丽　　　仓管：刘东　　　业务员：李佳　　　开单人：李佳

114

49-1

广西增值税专用发票

4500063135

广西
国家税务局监制

No 00120987

此联不作报销、扣税凭证使用　　　　　　开票日期：2017 年 1 月 5 日

购货方	名　称：南宁市同顺公司 纳税人识别号：450100775786541 地址、电话：南宁市长湖路1号　0771－8888888 开户行及账号：工行南宁市长湖支行4598776655451240000					密码区		略		

货物或应税劳务、服务名称	规格型号	单位	数量	单价	金额	税率	税额
甲材料		公斤	200	35.00	7,000.00	17%	1,190.00
合　计					¥7,000.00		¥1,190.00

价税合计（大写）	⊗捌仟壹佰玖拾元整	（小写）¥8,190.00

销货方	名　称：南宁市旭日食品公司 纳税人识别号：450100775685016 地址、电话：长湖路69号　　0771－5588626 开户行及账号：工行南宁市长湖支行21021050090022236409	备注	南宁市旭日食品公司 450100775685016 发票专用章

收款人：　　　复核：李芸　　　开票人：李芸　　　销货方：（章）

115　　　　　　　　　　　　　　　　　　　　　　　　　49-2

1 月 份 业 务

南宁市旭日食品公司销售出货单

开单日期 2017 年 1 月 7 日　　　　　　　　　　单号：NO.0003

出货仓库　2　　　　　　　　结算方式：赊销

购货单位	名　称	南宁市同发公司		税务登记号		
	地址、电话			开户行及账号		

品名规格	单位	数量	单价	金额	税率	税金
乙材料	公斤	200	25.00	5,000.00	13%	650.00
合　计				¥5,000.00		¥650.00
价税合计	⊗伍仟陆佰伍拾元整			（小写）	¥5,650.00	

用户签名：张长江　　仓管：刘东　　业务员：李佳　　　开单人：李佳

116　　　　　　　　　　　　　　　　　　　　　　　　　50-1

120

广西增值税普通发票

4500063135

税总函【2016】521号北京东港安全印刷有限公司

广西
国家税务局监制

No 00120155

此联不作报销、扣税凭证使用

开票日期：2017 年 1 月 2 日

购货方	名　　　称：南宁市同发公司 纳税人识别号：450100775789634 地址、电话：南宁市长湖路9号　0771-8888876 开户行及账号：工行南宁市长湖支行4598776655451359879	密码区	略

货物或应税劳务、服务名称	规格型号	单位	数量	单价	金额	税率	税额
乙材料（初级农产品）		公斤	200	25.00	5000.00	13%	650.00
合　计					¥5,000.00		¥650.00

价税合计（大写）	⊗伍仟陆佰伍拾元整	（小写）¥5,650.00

销货方	名　　　称：南宁市旭日食品公司 纳税人识别号：450100775685016 地址、电话：长湖路69号　　0771-5588626 开户行及账号：工行南宁市长湖支行2102105009002236409	备注	南宁市旭日食品公司 450100775685016 发票专用章

收款人：　　　　　　复核：李芸　　　开票人：李芸　　　销货方：（章）

117

50-2

南宁市旭日食品公司销售出货单

开单日期 2017 年 1 月 8 日

单号：NO. 0004

出货仓库　2

结算方式：现金

购货单位	名　称	林河		税务登记号		
	地址、电话			开户行及账号		

品名规格	单位	数量	单价	金额	税率	税金
B产品	件	100	80.00	8,000.00	17%	1,360.00
合计		现金收讫		¥8,000.00		¥1,360.00
价税合计	⊗玖仟叁佰陆拾元整		（小写）	¥9,360.00		

用户签名：林河　　　仓管：刘东　　　业务员：李佳　　　开单人：刘东

118

51-1

广西增值税普通发票

此联不作报销、扣税凭证使用　　　　　开票日期：2017 年 1 月 8 日

购货方	名　　　称：林河　.						密码区		略	
	纳税人识别号：									
	地　址、电话：									
	开户行及账号：									
货物或应税劳务、服务名称		规格型号	单位	数量	单 价	金额	税率		税 额	
B产品			件	100	80.00	8,000.00	17%		1,360.00	
		现金收讫								
合　计						￥8,000.00			￥1,360.00	
价税合计（大写）		⊗玖仟叁佰陆拾元整				（小写）￥9,360.00				
销货方	名　　　称：南宁市旭日食品公司						备注			
	纳税人识别号：450100775685016									
	地　址、电话：长湖路 69 号　　　0771－5588626									
	开户行及账号：工行南宁市长湖支行21021050090022236409									

收款人：　　　　　复核：李芸　　开票人：李芸　　　　销货方：（章）

南宁市旭日食品公司
450100775685016
发票专用章

119

税总函【2016】521号北京东港安全印刷有限公司

第一联：记账联　销售方记账凭证

1 月 份 业 务

123

中国工商银行现金存款凭证

2017 年 1 月 8 日　　　　　桂A　　047869

收款人	全　称	南宁市旭日食品公司	款项来源	销售
	账　号	21021050090022236409		
	开户行	工行南宁市长湖支行	交款人	李芸
金额大写	人民币 （本位币）⊗玖仟叁佰陆拾元整		金额小写	￥9,360.00

中国工商银行
南宁市长湖支行
2016年1月8日
业务清讫

票面	张数	票面	张数	票面	张数
				经办　　复核	

120

南宁市旭日食品公司销售出货单

开单日期 2017 年 1 月 10 日   单号：NO. 0005

出货仓库 2   结算方式：赊销

购货单位	名　　称	南宁市同发公司			税务登记号		
	地址、电话				开户行及账号		
品名规格	单位	数量	单价	金额	税率	税金
B产品	件	500	80.00	40,000.00	17%	6,800.00
合　计				￥40,000.00		￥6,800.00
价税合计	⊗肆万陆仟捌佰元整			（小写）	￥46,800.00	

第二联：财会联

用户签名：张长江   仓管：刘东   业务员：李佳   开单人：李佳

121   52-1

广西增值税普通发票

4500063135   No 00120157

125

此联不作报销、扣税凭证使用   开票日期：2017 年 1 月 10 日

税总函【2016】521号北京东港安全印制有限公司

购货方	名　　称	南宁市同发公司				密码区		
	纳税人识别号	450100775789634					略	
	地址、电话	南宁市长湖路9号　0771-8888876						
	开户行及账号	工行南宁市长湖支行4598776655451359879						
货物或应税劳务、服务名称	规格型号	单位	数　量	单　价	金额	税率	税　额
B产品		件	500	80.00	40,000.00	17%	6,800.00
合　计					￥40,000.00		￥6,800.00
价税合计（大写）	⊗肆万陆仟捌佰元整				（小写）￥46,800.00		
销货方	名　　称	南宁市旭日食品公司				备注		
	纳税人识别号	450100775685016						
	地址、电话	长湖路69号　0771-5588626						
	开户行及账号	工行南宁市长湖支行2102105009002236409						

第一联：记账联　销售方记账凭证

南宁市旭日食品公司
450100775685016
发票专用章

收款人：   复核：李芸   开票：李芸   销货方：（章）

122   52-2

南宁市旭日食品公司销售出货单

开单日期 2017 年 1 月 15 日　　　　　　　　　　　　　单号：NO. 0006

出货仓库 2　　　　　　　　　　　结算方式：赊销

购货单位	名　　称	南宁市同顺公司		税务登记号		
	地址、电话			开户行及账号		
品名规格	单位	数量	单价	金额	税率	税金
A产品	件	500	70.00	35,000.00	17%	5,950.00
合　计				¥35,000.00		¥5,950.00
价税合计	⊗肆万零玖佰伍拾元整			(小写)	¥40,950.00	

用户签名：王秀丽　　　仓管：刘东　　　业务员：李佳　　　　开单人：李佳

123　　　　　　　　　　　　　　　　　　　　　　　　　53-1

第二联：财会联

1 月 份 业 务

127

广西增值税专用发票

4500063135　　　　　　　　　　　　　　　　　　No 00120988

此联不作报销、扣税凭证使用　　　　　开票日期：2017 年 1 月 15 日

购货方	名　　称	南宁市同顺公司				密码区		略	
	纳税人识别号：450100775786541								
	地址、电话：南宁市长湖路 1 号　0771－8888888								
	开户行及账号：工行南宁市长湖支行4598776655451240000								
货物或应税劳务、服务名称	规格型号	单位	数　量	单　价	金额	税率	税　额		
A产品		件	500	70.00	35,000.00	17%	5,950.00		
合　计					¥35,000.00		¥5,950.00		
价税合计(大写)	⊗肆万零玖佰伍拾元整				(小写)¥40,950.00				
销货方	名　　称 南宁市旭日食品公司					备注			
	纳税人识别号：450100775685016								
	地址、电话：长湖路 69 号　　0771－5588626								
	开户行及账号：工行南宁市长湖支行2102105009002236409								

收款人：　　　复核：李芸　　　开票人：李芸　　　销货方：(章)

124　　　　　　　　　　　　　　　　　　　　　　　　53-2

税总函[2016]521号北京东港安全印制有限公司

第一联：记账联　销售方记账凭证

南宁市旭日食品公司销售出货单

开单日期 2017 年 1 月 18 日   单号：NO. 0007

出货仓库 2   结算方式：现金

购货单位	名　　称	林河		税务登记号			
	地址、电话			开户行及账号			
品名规格	单位	数量	单价	金额	税率	税金	
B产品	件	200	80.00	16,000.00	17%	2,720.00	
合计	现金收讫			￥16,000.00		￥2,720.00	
价税合计	⊗壹万捌仟柒佰贰拾元整			（小写）	￥18,720.00		

用户签名：林河   仓管：刘东   业务员：李佳   开单人：刘东

125   54-1

广西增值税普通发票

4500063135   No 00120158

此联不作报销、扣税凭证使用   开票日期：2017 年 1 月 18 日

购货方	名　　称	林河				密码区		略	
	纳税人识别号：								
	地址、电话：								
	开户行及账号：								
货物或应税劳务、服务名称	规格型号	单位	数量	单价	金额	税率	税额		
B产品		件	200	80.00	16,000.00	17%	2,720.00		
	现金收讫								
合　计					￥16,000.00		￥2,720.00		
价税合计（大写）	⊗壹万捌仟柒佰贰拾元整				（小写）￥18,720.00				

销货方	名　　称	南宁市旭日食品公司	备注	
	纳税人识别号：450100775685016			
	地址、电话：长湖路69号　0771-5588626			
	开户行及账号：工行南宁市长湖支行2102105009002236409			

南宁市旭日食品公司
450100775685016
发票专用章

收款人：　　　　　复核：李芸　　　　开票：李芸　　　　销货方：（章）

126   54-2

税总函【2016】521号北京东港安全印刷有限公司

中国工商银行现金存款凭证

2017 年 1 月 18 日   桂A   047950

收款人	全 称	南宁市旭日食品公司		
	账 号	21021050090022366409	款项来源	销售
	开户行	工行南宁市长湖支行	交款人	李芸
金额大写	人民币（本位币）⊗壹万捌仟柒佰贰拾元整		金额小写	￥18,720.00
票面	张数	票面	张数	票面	张数

中国工商银行
南宁市长湖支行
2017年1月18日
业务清讫

经办   复核

127   54-3

南宁市旭日食品公司销售出货单

131

开单日期 2017 年 1 月 22 日   单号：NO.0008

出货仓库 2   结算方式：赊销

购货单位	名 称	桂林市星辉公司		税务登记号		
	地址、电话			开户行及账号		
品名规格	单位	数量	单价	金额	税率	税金
A产品	件	2000	70.00	140,000.00	17%	23,800.00
合计				￥140,000.00		￥23,800.00
价税合计	⊗壹拾陆万叁仟捌佰元整			（小写）	￥163,800.00	

第二联：财会联

用户签名：王秀丽   仓管：刘东   业务员：李佳   开单人：李佳

128   55-1

企业真账演练——工业企业

广西增值税普通发票

No 00120159

此联不作报销、扣税凭证使用

开票日期：2017 年 1 月 22 日

购货方	名 称：桂林市星辉公司 纳税人识别号：450100775789634 地址、电话：南宁市长湖路9号 0771－8888876 开户行及账号：工行桂林市上海路支行4598776655451359879					密码区	略		
货物或应税劳务、服务名称	规格型号	单位	数量	单价		金额	税率	税 额
A产品		件	2000	70.00		140,000.00	17%	23,800.00
合 计						¥140,000.00		¥23,800.00
价税合计（大写）	⊗壹拾陆万叁仟捌佰元整						（小写）¥163,800.00	
销货方	名 称：南宁市旭日食品公司 纳税人识别号：450100775685016 地址、电话：长湖路69号 0771－5588626 开户行及账号：工行南宁市长湖支行2102105009002236409					备注	南宁市旭日食品公司 450100775685016 发票专用章		

收款人：   复核：李芸   开票人：李芸   销货方：（章）

129

55-2

133

南宁市旭日食品公司销售出货单

开单日期2017 年 1 月 25 日

单号：NO. 0009

出货仓库 2

结算方式：赊销

购货单位	名 称	南宁市同发公司			税务登记号			
	地址、电话				开户行及账号			
品名规格	单位	数量	单价		金额	税率	税金	
B产品	件	1000	80.00		80,000.00	17%	13,600.00	
合计					¥80,000.00		¥13,600.00	
价税合计	⊗玖万叁仟陆佰元整				（小写）	¥93,600.00		

用户签名：张长江   仓管：刘东   业务员：李佳   开单人：李佳

130

56-1

广西增值税普通发票

广 西
国家税务局监制

No 00120160

此联不作报销、扣税凭证使用

开票日期: 2017 年 1 月 25 日

税总函 【2016】 521号北京东港安全印刷有限公司

购货方	名　　称: 南宁市同发公司 纳税人识别号: 450100775789634 地址、电话: 南宁市长湖路9号　0771-8888876 开户行及账号: 工行南宁市长湖支行4598776655451359879	密码区	略

货物或应税劳务、服务名称	规格型号	单位	数量	单 价	金 额	税率	税 额
B产品		件	1000	80.00	80,000.00	17%	13,600.00
合　计					¥80,000.00		¥13,600.00

价税合计(大写)	⊗玖万叁仟陆佰元整	(小写) ¥93,600.00

销货方	名　　称: 南宁市旭日食品公司 纳税人识别号: 450100775685016 地址、电话: 长湖路69号　　0771-5588626 开户行及账号: 工行南宁市长湖支行2102105009002236409	备注	南宁市旭日食品公司 450100775685016 发票专用章

收款人: 　　　　复核: 李芸　　　开票人: 李芸　　　销货方: (章)

131

56-2

第一联：记账联　销售方记账凭证

1 月 份 业 务

135

南宁市旭日食品公司销售出货单

开单日期 2017 年 1 月 28 日

单号: NO. 0010

出货仓库 2

结算方式: 赊销

购货单位	名　　称	南宁市金美公司		税务登记号		
	地址、电话			开户行及账号		

品名规格	单位	数量	单价	金额	税率	税金
A产品	件	2000	70.00	140,000.00	17%	23,800.00
合计				¥140,000.00		¥23,800.00
价税合计	⊗壹拾陆万叁仟捌佰元整			(小写)	¥163,800.00	

用户签名: 王秀丽　　　仓管: 刘东　　　业务员: 李佳　　　开单人: 李佳

132

57-1

第二联：财会联

广西增值税专用发票

广西
国家税务局监制

此联不作报销、扣税凭证使用

开票日期：2017 年 1 月 28 日

购货方	名　　称：南宁市金美公司 纳税人识别号：450100771245861 地址、电话：南宁市江南路 22 号 0771 - 5247868 开户行及账号：工行南宁市江南支行2102102154785469003					密码区	略		
货物或应税劳务、服务名称	规格型号	单位	数　量	单　价		金　额	税率	税　额	
A产品		件	2000	70.00		140,000.00	17%	23,800.00	
合　计						￥140,000.00		￥23,800.00	
价税合计（大写）		⊗壹拾陆万叁仟捌佰元整				（小写）￥163,800.00			
销货方	名　　称：南宁市旭日食品公司 纳税人识别号：450100775685016 地址、电话：长湖路 69 号　　0771 - 5588626 开户行及账号：工行南宁市长湖支行2102105009002236409					备注			

收款人：　　　　　复核：李芸　　　开票人：李芸　　　　销货方：（章）

南宁市旭日食品公司
450100775685016
发票专用章

税总函【2016】521号北京东港安全印刷有限公司

第一联：记账联　销售方记账凭证

1 月 份 业 务

57-2

（五）固定资产购入业务

用　款　申　请　书

2017 年 1 月 4 日

申请部门	物资部	用　　途	购易拉罐生产线
经办人	林森		
结算方式	电汇	金　额	150,000.00
对方单位名称	柳州市神龙设备公司	开户银行	农行柳州市柳江支行
		账　号	45689990899904500
领导批示：同意 　　　李明 2017 年 1 月 4 日	会计主管人员意见：同意 　　王波 2017 年 1 月 4 日	部门领导意见：同意 　　郑向阳 2017 年 1 月 4 日	

58-1

企业真账演练——工业企业

中国工商银行电汇凭证(回单)

委托日期 2017 年 1 月 4 日

<table>
<tr><td rowspan="3">汇款人</td><td>全　称</td><td>南宁市旭日食品公司</td><td rowspan="3">收款人</td><td>全　称</td><td colspan="2">柳州市神龙设备公司</td></tr>
<tr><td>账　号</td><td>2102105009002236409</td><td>账　号</td><td colspan="2">45689990899904500</td></tr>
<tr><td>开户银行</td><td>工行南宁市长湖支行</td><td>开户银行</td><td colspan="2">工行北海市城南支行</td></tr>
<tr><td rowspan="2">金额</td><td>人民币
(大写)</td><td colspan="3">⊗壹拾伍万元整</td><td>千百十万千百十元角分</td></tr>
<tr><td colspan="4">中国工商银行
南宁市长湖支行
汇出行签章　2017年1月4日
业务清讫</td><td>支付密码
附加信息及用途　购易拉罐生产线
¥150000000</td></tr>
</table>

135   58-2

此联是出票人开户银行交给出票人的回单

4589698750

广西增值税专用发票

发票联

No 19808734

139

开票日期: 2017 年 1 月 28 日

<table>
<tr><td rowspan="4">购货方</td><td>名　　称:</td><td colspan="5">南宁市旭日食品公司</td><td rowspan="4">密码区</td><td rowspan="4">略</td></tr>
<tr><td>纳税人识别号:</td><td colspan="5">450100775685016</td></tr>
<tr><td>地址、电话:</td><td colspan="5">长湖路69号　0771-5588626</td></tr>
<tr><td>开户行及账号:</td><td colspan="5">工行南宁市长湖支行 2102105009002236409</td></tr>
<tr><td colspan="2">货物或应税劳务、服务名称</td><td>规格型号</td><td>单位</td><td>数量</td><td>单价</td><td>金额</td><td>税率</td><td>税额</td></tr>
<tr><td colspan="2">易拉罐生产线</td><td>A787</td><td>套</td><td>1</td><td>180,000.00</td><td>180,000.00</td><td>17%</td><td>30,600.00</td></tr>
<tr><td colspan="2">合　　计</td><td></td><td></td><td></td><td></td><td>¥180,000.00</td><td></td><td>¥30,600.00</td></tr>
<tr><td colspan="2">价税合计(大写)</td><td colspan="5">⊗貳拾壹万零陆佰元整</td><td colspan="2">(小写)¥210,600.00</td></tr>
<tr><td rowspan="4">销货方</td><td>名　　称:</td><td colspan="5">柳州市神龙设备公司</td><td rowspan="4">备注</td><td rowspan="4">柳州市神龙设备公司
450200776525360
发票专用章</td></tr>
<tr><td>纳税人识别号:</td><td colspan="5">450200776525360</td></tr>
<tr><td>地址、电话:</td><td colspan="5">柳州市柳江路63号　0772-486589</td></tr>
<tr><td>开户行及账号:</td><td colspan="5">农行柳州市柳江支行 45689990899904500</td></tr>
</table>

收款人:　　　　　复核: 宁静　　　开票人: 宁静　　　销货方: (章)

136   58-3

税总函【2016】116号广州东港安全印制有限公司

第二联:发票联　购货方记账凭证

费 用 报 销 单

报销部门：**行政部**   填报日期：2017 年 1 月 10 日

报 销 事 由	金 额	单位领导	同意 李明 2017 年 1 月 10 日
付打印机款	1,200.00		
现金付讫		部门领导	同意 朴相良 2017 年 1 月 10 日
合计(大写)⊗ 壹仟贰佰元整	小写 1,200.00		

会计主管：**王波**   出纳：**李芸**   填制人：**王海**

137   59-1

4589687654

广西增值税专用发票

No 19809647

141

发票联

开票日期：2017 年 1 月 10 日

税总函【2016】116号广州东港安全印制有限公司

购货方	名　　称：南宁市旭日食品公司 纳税人识别号：450100775685016 地 址、电 话：长湖路69号　0771-5588626 开户行及账号：工行南宁市长湖支行 2102105009002236409					密码区		略	
货物或应税劳务、服务名称	规格型号	单位	数　量	单　价		金　额	税率	税　额	
惠普100打印机		台	1	1,025.64		1,025.64	17%	174.36	
合　计						¥1,025.64		¥174.36	
价税合计(大写)	⊗ 壹仟贰佰元整					(小写) ¥1,200.00			
销货方	名　　称：南宁新力文化用品公司 纳税人识别号：45010077458765 地 址、电 话：南宁市青山路69号　0771-5988885 开户行及账号：工行南宁市青山支行 45059869368245895269					备注		南宁新力文化用品公司 45010077458765 发票专用章	

收款人：**张娟**   复核：**张娟**   开票人：**张娟**   销货方：(章)

138   59-2

第二联：发票联　购货方记账凭证

南宁市旭日食品公司固定资产验收单

名称	规格型号	来 源	数 量	购(造价)	使用年限	预计残值率
惠普打印机	H100	购入	1			
安装费	月折旧率	月折旧额	交工日期		附 件	
			2017 年 1 月 10 日	折旧方法	建造单位	

验收部门	物资部	验收人员	刘东	管理部门	行政部	管理人员	王海	直线法
备 注								

用 款 申 请 书

2017 年 1 月 15 日

申请部门	物资部	用 途	购电脑
经办人	林森		
结算方式	转账	金 额	5,850.00
对方单位名称	南宁市新飞电脑公司	开户银行	工行南宁市城南支行
		账 号	4556676745465750

领导批示：同意	会计主管人员意见：同意	部门领导意见：同意
李明	王波	郑向阳
2017 年 1 月 15 日	2017 年 1 月 15 日	2017 年 1 月 15 日

中国工商银行
转账支票存根（桂）

$\dfrac{B}{0}$ $\dfrac{X}{2}$ 00631884

附加信息 _____

_____

_____

出票日期 2017 年 1 月 15 日

收款人：南宁市新飞电脑公司

金　额：5,850.00

用　途：购电脑

单位主管　　　　　会计

141　　　　　　　　　　60-2

云南证券印务有限公司2015年印制

中国工商银行进账单(回单)

2017 年 1 月 15 日

出票人	全　称	南宁市旭日食品公司	收款人	全　称	南宁市新飞电脑公司
	账　号	21021050090022236409		账　号	4556676745465750
	开户银行	工行南宁市长湖支行		开户银行	南宁市工商银行城南支行

金额	人民币 (大写)	⊗伍仟捌佰伍拾元整	千	百	十	万	千	百	十	元	角	分
						¥	5	8	5	0	0	0

中国工商银行
南宁市长湖支行
2017年1月15日
业务清讫

汇出行签章　　　　　　支付密码
　　　　　　　附加信息及用途　　　　购电脑

142　　　　　　　　　　　　　　　　　　60-3

此联是出票人开户银行交给出票人的回单

企业真账演练——工业企业

4589698763

广西增值税专用发票

No 19867892

发票联

(税总函〔2016〕116号广州东港安全印刷有限公司)

开票日期：2017 年 1 月 16 日

购货方	名　　　称：	南宁市旭日食品公司					密码区		略	
	纳税人识别号：	450100775685016							
	地址、电话：	长湖路69号　0771-5588626							
	开户行及账号：	工行南宁市长湖支行 2102105009002236409							

货物或应税劳务、服务名称	规格型号	单位	数量	单 价	金 额	税率	税 额
电脑	525	台	1	5,000.00	5,000.00	17%	850.00
合　计					￥5,000.00		￥850.00

价税合计(大写)	⊗伍仟捌佰伍拾元整	(小写)￥5,850.00

销货方	名　　　称：	南宁市新飞电脑公司	备注	南宁市新飞电脑公司
	纳税人识别号：	450100776565444		450100776565444
	地址、电话：	南宁市星湖路63号　0771-5357895		发票专用章
	开户行及账号：	南宁市工商银行城南支行2102105009000111222		

收款人：　　　　　复核：李梅　　开票人：李梅　　　　销货方：(章)

143　　　　　　　　　　　　　　　　　　　　　　　　　　　60-4

第二联：发票联　购货方记账凭证

1 月 份 业 务

费 用 报 销 单

报销部门：物资部　　　　　填报日期：2017 年 1 月 16 日

报 销 事 由	金 额	单位领导	同意 李明 2017 年 1 月 16 日
电脑运费	50.00		
现金付讫			
		部门领导	同意 郑向阳 2017 年 1 月 16 日

合计(大写)⊗伍拾元整	小写　50.00

会计主管：　王波　　　　出纳：　李芸　　　　填制人：　林森

144　　　　　　　　　　　　　　　　　　　　　　　　　　　60-5

广西增值税普通发票

发票联

开票日期：2017 年 1 月 16 日

购货方	名　　称：南宁市旭日食品公司 纳税人识别号：450100775685016 地址、电话：长湖路69号　0771-5588626 开户行及账号：工行南宁市长湖支行21021050009002236409					密码区	略		
货物或应税劳务、服务名称	规格型号	单位	数　量	单　价		金额	税率	税　额	
运输服务						48.54	3%	1.46	
合　计						￥48.54		￥1.46	
价税合计(大写)	⊗伍拾元整					(小写)￥50.00			
销货方	名　　称：南宁第三运输公司 纳税人识别号：450100770937865 地址、电话：华强路69号　　0771-5925225 开户行及账号：工行南宁市华强支行21021050009003456320					备注			

收款人：　　　　　　复核：李香　　　开票人：李香　　　　销货方：(章)

南宁市第三运输公司
450100198374074
发票专用章

145

60-6

1 月 份 业 务

南宁市旭日食品公司固定资产验收单

名称	规格型号	来源	数　量	购(造价)	使用年限	预计残值率
电脑	525	购入	1			
安装费	月折旧率	月折旧额	交工日期		附　件	
			2017 年 1 月 10 日		折旧方法	建造单位
验收部门	物资部	验收人员	刘东	管理部门	物资部	管理人员
备　注						

验收部门 物资部 验收人员 刘东 管理部门 物资部 管理人员 林森 直线法

146

60-7

(六)期末处理

固定资产折旧计算汇总表

年　月　日　　　　　　　　　　　　　　　　　　　单位:元

使用部门	固定资产类别	上月计提折旧额	上月增加的固定资产应计提折旧额	上月减少的固定资产应计提折旧额	本月应计提折旧额	备注
生产车间	生产设备					
管理部门	办公设备					
合　计						

制表:

147

预提借款利息计算表

2017 年 1 月 31 日

借款种类	借款额	年利率	本月应提利息	备　注
生产周转借款				短期借款
在建工程借款				长期借款
合　计				

制表:

148

企业真账演练——工业企业

南宁市旭日食品公司本月应付工资及社会保险汇总表

2017 年 1 月 31 日

部 门		应付工资	应计提社保费					
			医疗保险 (7%)	失业保险 (0.5%)	工伤保险 (0.4%)	生育 保险 (0.8%)	养老保险 (19%)	合计
基本生产	A产品	6350						
	B产品	4330						
车间管理人员		7380						
销售部		5500						
财务部		5680						
总经办		13,150						
物资部		7500						
行政部		5500						
合 计		55,390						

制单:

63

153

提取本月各种税费计算表

年 月 日   单位:元

税(费)种	计税依据(元)	税率	本月应交税费(元)
城市建设维护税		7%	
教育费附加		3%	
地方教育费附加		2%	
水利建设基金费(按收入计算)		1‰	

制表:

64

企业真账演练——工业企业

领 料 单

领料部门:	销售部	用途:	销售B产品	日期:		2017 年 1 月 2 日
品 名	规格型号	单 位	数量		单 价	金 额
			请 领	实 领		
包装箱	50*50*50	个	50	50		
备 注			随同产品销售不单独计价			

领料部门负责人: 陈可铭　　　　　领料人: 李佳　　　　　发料人: 刘东

151

65-1

二交财务部门记账

1 月 份 业 务

155

领 料 单

领料部门:	基本生产车间	用途:	生产A产品	日期:		2017 年 1 月 2 日
品 名	规格型号	单 位	数量		单 价	金 额
			请 领	实 领		
甲材料		公斤	430	430		
乙材料		公斤	430	430		
包装袋		个	430	430		
备 注						

领料部门负责人: 陈可铭　　　　　领料人: 汪静　　　　　发料人: 刘东

152

65-2

二交财务部门记账

领　料　单

领料部门：	基本生产车间	用途：	生产B产品		日期：	2017 年 1 月 2 日	
品　名	规格型号	单　位	数量		单　价	金　额	
			请　领	实　领			
甲材料		公斤	405	150			
丙材料		公斤	3000	3000			
包装瓶		个	6000	6000			
包装箱	20*30*40	个	500	500			
备注							

领料部门负责人：　陈可铭　　　　　　领料人：　张颐　　　　　　发料人：　刘东

153

65-3

领　料　单

领料部门：	销售部	用途：	销售		日期：	2017 年 1 月 5 日	
品　名	规格型号	单　位	数量		单　价	金　额	
			请　领	实　领			
甲材料		公斤	200	200			
备注		发南宁市同顺公司					

领料部门负责人：　朱利　　　　　　领料人：　李佳　　　　　　发料人：　刘东

154

65-4

二交财务部门记账

1 月 份 业 务

157

领 料 单

领料部门：	销售部	用途：	销售		日期：	2017 年 1 月 7 日	
品 名	规格型号	单 位	数量		单 价	金 额	
			请 领	实 领			
乙材料		公斤	200	200			
备 注			发南宁市同发公司				

领料部门负责人： 朱利　　　　　　领料人： 李佳　　　　　　发料人： 刘东

二交财务部门记账

1 月 份 业 务

领 料 单

159

领料部门：	销售部	用途：	出租		日期：	2017 年 1 月 7 日	
品 名	规格型号	单 位	数量		单 价	金 额	
			请 领	实 领			
包装箱	50*50*50	个	10	10			
备 注			林河租用				

领料部门负责人： 陈可铭　　　　　　领料人： 李佳　　　　　　发料人： 刘东

二交财务部门记账

领 料 单

领料部门:	基本生产车间	用途:	生产A产品	日期:		2017 年 1 月 8 日
品 名	规格型号	单 位	数量		单 价	金 额
			请 领	实 领		
甲材料		公斤	1720	1720		
乙材料		公斤	620	620		
包装袋		个	2000	2000		
备 注						

领料部门负责人: 陈可铭　　　　　领料人: 汪静　　　　　发料人: 刘东

157　　　　　　　　　　　　　　　　　　　　　　　　　　　　65-7

二交财务部门记账

领 料 单

领料部门:	基本生产车间	用途:	车间使用	日期:		2017 年 1 月 10 日
品 名	规格型号	单 位	数量		单 价	金 额
			请 领	实 领		
甲材料		公斤	50	50		
备 注						

领料部门负责人: 陈可铭　　　　　领料人: 张丽　　　　　发料人: 刘东

158　　　　　　　　　　　　　　　　　　　　　　　　　　　　65-8

二交财务部门记账

1 月份业务

161

领 料 单

领料部门：	基本生产车间	用途：	生产B产品		日期：	2017 年 1 月 8 日	
品 名	规格型号	单 位	数量			单 价	金 额
			请 领	实 领			
甲材料		公斤	810	1000			
丙材料		公斤	6000	1000			
包装箱	20*30*40	个	1000	1000			
包装瓶		个	12,000	12,000			
备注							

领料部门负责人： 陈可铭　　　　　　　领料人： 张颐　　　　　　发料人： 刘东

159

65-9

163

领 料 单

领料部门：	基本生产车间	用途：	生产B产品		日期：	2017 年 1 月 13 日	
品 名	规格型号	单 位	数量			单 价	金 额
			请 领	实 领			
乙材料		公斤	1350	1350			
备 注							

领料部门负责人： 陈可铭　　　　　　　领料人： 张颐　　　　　　发料人： 刘东

160

65-10

领 料 单

领料部门:	销售部	用途:	销售B产品		日期:	2017 年 1 月 15 日	
品 名	规格型号	单 位	数量		单 价	金 额	
			请 领	实 领			
包装箱	50*50*50	个	50	50			
备 注		随同产品销售不单独计价					

领料部门负责人: 陈可铭　　　　　　领料人: 李佳　　　　　发料人: 刘东

161　　　　　　　　　　　　　　　　　　　　　　　　　　　65-11

领 料 单

编号: 1012

领料部门:	基本生产车间	用途:	生产A产品		日期:	2017 年 1 月 18 日	
品 名	规格型号	单 位	数量		单 价	金 额	
			请 领	实 领			
甲材料		公斤	1750	1750			
乙材料		公斤	1500	1500			
包装袋		个	2000	2000			
备 注							

领料部门负责人: 陈可铭　　　　　　领料人: 汪静　　　　　发料人: 刘东

162　　　　　　　　　　　　　　　　　　　　　　　　　　　65-12

领 料 单

领料部门：	基本生产车间	用途：	生产B产品	日期：	2017 年 1 月 18 日	
品 名	规格型号	单 位	数量		单 价	金 额
			请 领	实 领		
甲材料		公斤	1215	1215		
丙材料		公斤	900	900		
包装瓶		个	18,000	18,000		
包装箱	20*30*40	个	1500	1500		
备 注						

领料部门负责人： 陈可铭　　　　　　领料人： 张颐　　　　　发料人： 刘东

163

二交财务部门记账

65-13

1 月 份 业 务

167

领 料 单

领料部门：	销售部	用途：	销售B产品	日期：	2017 年 1 月 22 日	
品 名	规格型号	单 位	数量		单 价	金 额
			请 领	实 领		
包装箱	50*50*50	个	200	200		
备 注		随同产品销售不单独计价				

领料部门负责人： 陈可铭　　　　　　领料人： 李佳　　　　　发料人： 刘东

164

二交财务部门记账

65-14

领 料 单

领料部门：	销售部	用途：	销售B产品	日期：		2017 年 1 月 28 日	
品 名	规格型号	单 位	数量		单 价	金 额	
			请 领	实 领			
包装箱	50*50*50	个	200	200			
备 注		随同产品销售不单独计价					

领料部门负责人： 陈可铭　　　　　　领料人： 李佳　　　　　发料人： 刘东

二交财务部门记账

1 月 份 业 务

原材料发料数量汇总表

年　　月　　日

部门及用途	甲材料(公斤)	乙材料(公斤)	丙材料(公斤)
A产品生产			
B产品生产			
一般耗用			
材料销售			
合　　计			

周转材料发出数量汇总表

2017 年 1 月 31 日

部门及用途	包装袋(个)	包装瓶(个)	包装箱(只) 50*50*50	包装箱(只) 20*30*40
A产品生产				
B产品生产				
随同产品销售 单独计价				
随同产品销售 不单独计价				
出 租				
合 计				

65-17

原材料加权平均单价计算表

年 月 日

材料名称	甲材料		乙材料		丙材料	
	金额	数量	金额	数量	金额	数量
期初结存						
本期购入 合 计						
合 计						
加权平均 单价						

制表:

65-18

周转材料加权平均单价计算表

年 月 日

材料名称	包装袋(个)		包装瓶(个)		包装箱(只)50*50*50		包装箱(只)20*30*40	
	金额	数量	金额	数量	金额	数量	金额	数量
期初结存								
本期购入合计								
合 计								
加权平均单价								

制表：

65-19

发出原材料成本计算表

年 月 日

部门及用途	甲材料			乙材料			丙材料			合计
	数量	单价	金额	数量	单价	金额	数量	单价	金额	
A产品生产										
B产品生产										
一般耗用										
材料销售										
合 计										

制表：

65-20

周转材料发出成本计算表

年 月 日

部门及用途	包装袋(个)			包装瓶(个)			包装箱(只)50*50*50			包装箱(只)20*30*40			合计
	数量	单价	金额	数量	单价	金额	数量	单价	金额	数量	单价	金额	
A产品生产													
B产品生产													
随同产品销售单独计价													
随同产品销售不单独计价													
出租													
合　计													

制表：

171

65-21

制造费用分配明细表

年 月 日

应借账户		分配标准 (工资)	分配率	分配金额(元)
生产成本	A产品			
	B产品			
合　计				

制表：

企业真账演练——工业企业

库存商品入库单

交库单位：**生产车间**　　　　　2017 年 1 月 6 日　　　　　　　　编号：　　1001

产品名称	规格	单位	交付数量	入库数量	单价	金额	备注
A产品		件	500	500			
B产品		件	500	500			

仓库验收：**刘东**　　　　　　　　　　　　　　　　　车间交件人：**张丽**

173　　　　　　　　　　　　　　　　　　　　　　　　　　　　　67-1

库存商品入库单

交库单位：**生产车间**　　　　　2017 年 1 月 13 日　　　　　　　编号：　　1002

产品名称	规格	单位	交付数量	入库数量	单价	金额	备注
A产品		件	2000	2000			
B产品		件	1000	1000			

仓库验收：**刘东**　　　　　　　　　　　　　　　　　车间交件人：**张丽**

174　　　　　　　　　　　　　　　　　　　　　　　　　　　　　67-2

库存商品入库单

交库单位：**生产车间**　　　　　2017 年 1 月 22 日　　　　　　　编号：　　1003

产品名称	规格	单位	交付数量	入库数量	单价	金额	备注
A产品		件	2000	2000			
B产品		件	1500	1500			

仓库验收：**刘东**　　　　　　　　　　　　　　　　　车间交件人：**张丽**

175　　　　　　　　　　　　　　　　　　　　　　　　　　　　　67-3

完工产品汇总表

2017 年 1 月 31 日

产品名称	完工数量(件)	月末在产品(件)	在产品完工百分比(%)
A 产品	4500	80	50%
B 产品	3000	150	40%

制单: 张丽

67-4

完工产品汇总表

年 月 日

产品名称	成本项目	直接材料	直接人工	制造费用	其他直接费用	合 计	单位成本
A产品	期初余额						
	本月发生						
	小 计						
	完工产品成本（ 件)						
	在产品成本（ 件, 完工百分比 %)						
B产品	期初余额						
	本月发生						
	小 计						
	完工产品成本（ 件)						
	在产品成本（ 件, 完工百分比 %)						

制表:

67-5

179

库存商品出库单

用途: 销售　　　　　　　2017 年 1 月 1 日　　　　　　编号: 产成品库 1001

产品名称	规格	单位	数量	金额
B产品		件	100	
合 计			100	
备注:		林河		

仓管: 刘东

68-1

库存商品出库单

产品名称	规格	单位	数量	金额
A产品		件	500	
合　计			500	
备注：	南宁市同顺公司			

仓管：　刘东

　　　　　　　　　　　　　　　　　　　　　　　　　68-2

库存商品出库单

用途：销售　　　　　　　　　2017 年 1 月 10 日　　　　　　　编号：产成品库 1003

产品名称	规格	单位	数量	金额
B产品		件	500	
合　计			500	
备注：	南宁市同发公司			

仓管：　刘东

　　　　　　　　　　　　　　　　　　　　　　　　　68-3

库存商品出库单

用途：销售　　　　　　　　　2017 年 1 月 15 日　　　　　　　编号：产成品库 1004

产品名称	规格	单位	数量	金额
A产品		件	500	
合　计			500	
备注：	南宁市同顺公司			

仓管：　刘东

　　　　　　　　　　　　　　　　　　　　　　　　　68-4

库存商品出库单

产品名称	规格	单位	数量	金额
B产品		件	200	
合　计			200	
备注：	林河			

仓管：　刘东

库存商品出库单

产品名称	规格	单位	数量	金额
A产品		件	2000	
合　计			2000	
备注：	南宁市金美公司			

仓管：　刘东

库存商品出库单

产品名称	规格	单位	数量	金额
B产品		件	1000	
合　计			1000	
备注：	南宁市同发公司			

仓管：　刘东

库存商品出库单

用途：**销售**　　　　　　　2017 年 1 月 28 日　　　　　　　编号：产成品库 1008

产品名称	规格	单位	数量	金额
A产品		件	2000	
合　计			2000	
备注：	南宁市金美公司			

仓管：　刘东

本月发出商品成本计算表

年　月　日

商品名称	发出数量	单价	金额
A产品			
B产品			
合　计			

制表：

库存商品加权平均单价计算表

年　月　日

商品名称	A产品		B产品	
	金　额	数　量	金　额	数　量
期初结存				
本期入库				
合　计				
加权平均单价				

制表：

2 月份业务

(一)投入资金、货币资金及固定资产购入业务

安通实业公司销售出库单

开单日期: 2017 年 2 月 1 日　　　　结算方: 投资　　　　单号: NO. 00001

<table>
<tr><td rowspan="2">购货单位</td><td>名　称</td><td colspan="3">南宁市旭日食品公司</td><td>税务登记号</td><td colspan="2">450100775685016</td></tr>
<tr><td>地址、电话</td><td colspan="3">长湖路69号 5588626</td><td>开户行及账号</td><td colspan="2">工行南宁市长湖支行
21021050090022236409</td></tr>
<tr><td rowspan="2">品名规格</td><td rowspan="2">单位</td><td colspan="2">数量</td><td rowspan="2">单价</td><td colspan="3" rowspan="2">金额</td></tr>
<tr><td>订货数</td><td>实发数</td></tr>
<tr><td>甲材料</td><td>公斤</td><td>2000</td><td>2000</td><td>35.10</td><td colspan="3">70,200.00</td></tr>
<tr><td></td><td></td><td></td><td></td><td></td><td colspan="3"></td></tr>
<tr><td>价税合计(大写)</td><td colspan="4">⊗柒万零贰佰元整</td><td colspan="2">(小写) ￥70,200.00</td></tr>
</table>

财务: 张言　　　　仓管: 陈兰　　　　业务员: 王燕　　　　开单人: 王燕

　　　4589980678　　　　　　　　　　　　　　　　1-1

广西增值税专用发票

发票联

开票日期: 2017 年 2 月 1 日

4589980678　　　No 19098765

<table>
<tr><td rowspan="4">购货方</td><td>名　称</td><td colspan="5">南宁市旭日食品公司</td><td rowspan="4">密码区</td><td rowspan="4">略</td></tr>
<tr><td>纳税人识别号:</td><td colspan="5">450100775685016</td></tr>
<tr><td>地址、电话:</td><td colspan="5">长湖路69号 0771-5588626</td></tr>
<tr><td>开户行及账号:</td><td colspan="5">工行南宁市长湖支行 21021050090022236409</td></tr>
<tr><td>货物或应税劳务、服务名称</td><td>规格型号</td><td>单位</td><td>数量</td><td>单价</td><td>金额</td><td>税率</td><td>税　额</td></tr>
<tr><td>甲材料</td><td></td><td>公斤</td><td>2000</td><td>30.00</td><td>60,000.00</td><td>17%</td><td>10,200.00</td></tr>
<tr><td></td><td></td><td></td><td></td><td></td><td></td><td></td><td></td></tr>
<tr><td>合　计</td><td></td><td></td><td></td><td></td><td>￥60,000.00</td><td></td><td>￥10,200.00</td></tr>
<tr><td>价税合计(大写)</td><td colspan="5">⊗柒万零贰佰元整</td><td colspan="2">(小写)￥70,200.00</td></tr>
<tr><td rowspan="4">销货方</td><td>名　称:</td><td colspan="5">安通实业公司</td><td rowspan="4">备注</td><td rowspan="4"></td></tr>
<tr><td>纳税人识别号:</td><td colspan="5">450100776567470</td></tr>
<tr><td>地址、电话:</td><td colspan="5">南宁市青山路510号 0771-8866075</td></tr>
<tr><td>开户行及账号:</td><td colspan="5">农行南宁市青环支行 4569676745466768450</td></tr>
</table>

收款人:　　　　复核: 王西　　　开票人: 王西　　　销货方: (章)

　　　　　　　　　　　　　　　　　　　1-2

税总函【2016】116号广州东港安全印刷有限公司

第二联:发票联 购货方记账凭证

南宁市旭日食品公司采购收货单

收货日期：2017 年 2 月 1 日

供货单位	安通实业公司			
品名规格	单位	数量	单价	金额
甲材料	公斤	2000	30.00	60,000.00
合　　　计				￥60,000.00
备　　注		投资		

仓管员：刘东

190

1-3

189

4589908765

广西增值税专用发票

发票联

No 19009876

开票日期：2017 年 2 月 1 日

购货方	名　　称：南宁市旭日食品公司 纳税人识别号：450100775685016 地址、电话：长湖路 69 号　0771－5588626 开户行及账号：工行南宁市长湖支行 21021050090022364 09				密码区	略	
货物或应税劳务、服务名称	规格型号	单位	数量	单价	金额	税率	税额
机床	DF－354	台	1	100,000.00	100,000.00	17%	17,000.00
合　计					￥100,000.00		￥17,000.00
价税合计（大写）	⊗壹拾壹万柒仟元整				（小写）￥117,000.00		
销货方	名　　称：南宁市亿达公司 纳税人识别号：450100776587550 地址、电话：南宁市北大路 36 号　0771－8868542 开户行及账号：工行南宁市江南支行 5678999023899903575				备注	南宁市亿达公司 450100776587550 发票专用章	

收款人：　　　　　　　复核：张红　　　开票人：张红　　　销货方：（章）

191

2-1

南宁市旭日食品公司固定资产验收单

名称	规格型号	来　源	数　量	购(造价)	使用年限	预计残值率
机床	DF－354	投入	1			
安装费	月折旧率	月折旧额	交工日期		附　件	
			2017 年 2 月 2 日		折旧方法	建造单位
验收部门	物资部	验收人员	刘东	管理部门	生产部	管理人员	张丽	直线法
备　注		由南宁亿达公司新购投入				

192

（桂）03073059

中国工商银行同城通兑回单(收账通知)

日期：2017 年 2 月 3 日

191

付款单位	户　名	南宁海博贸易公司	收款单位	户　名	南宁市旭日食品公司
	账　号	21021082568996558712		账　号	21021050090002236409
	开户行	工行南宁市中山路支行		开户行	工行南宁市长湖支行
金额(大写)	⊗壹拾伍万元整			￥150,000.00	
备注	凭证种类： 摘要：投资		凭证号： 交易类型：	中国工商银行 银行章 2017年2月3日 银行章	

复核(授权)：　　　　　　打印：

193

收 款 收 据

2017 年 2 月 3 日   No. 0036504

今收到 南宁海博贸易公司

交来 投资款

　　　　　　　　　　　　　　　　银行收讫

金额(大写)　⊗壹拾伍万元整

(小　写)　￥150,000.00

备注：按125,000元确认投资，余下25,000元作资本公积

收款单位(财务专用章)

收款人：李芸

194

3-2

193

用 款 申 请 书

2017 年 2 月 4 日

申请部门	行政部	用　途	付小轿车款
经办人	王海	金　额	150,000
结算方式	转账	开户银行	工行南宁市兴宁支行
对方单位名称	广西上好汽车销售公司	账　号	21021083369255727773

领导批示：同意	会计主管人员意见：同意	部门领导意见：同意
李明	王波	朴相良
2017 年 2 月 4 日	2017 年 2 月 4 日	2017 年 2 月 4 日

195

4-1

中国工商银行 (桂)
转账支票存根

$\frac{B}{0}$ $\frac{X}{2}$ 00631781

附加信息 _____

_____

_____

_____

出票日期 2017 年 2 月 4 日

收款人:	广西上好汽车销售公司
金　额:	150,000.00
用　途:	购车

单位主管　　　　　会计

196　　　　　　　　　　　4-2

中国工商银行进账单(回单)

2017 年 2 月 4 日

出票人	全　称	南宁市旭日食品公司	收款人	全　称	广西上好汽车销售公司									
	账　号	21021050090002236409		账　号	21021083692557727773									
	开户银行	工行南宁市长湖支行		开户银行	工行南宁市兴宁支行									
金额	人民币(大写)	⊗壹拾伍万元整			亿	千	百	十	万	千	百	十	元	角 分
						¥	1	5	0	0	0	0	0	0 0

中国工商银行
南宁市长湖支行

汇出行签章　2017年2月4日
业务清讫

支付密码
附加信息及用途　　　　购车款

197　　　　　　　　　　　　　　　　　　4-3

机动车销售统一发票

发票联

开票日期 2017 年 2 月 4 日

机打代码	145000921106	税控码				
机打号码	00041749					
机器编号	490898768567					
购货方名称及身份证号码/组织机构代码	南宁市旭日食品公司		纳税人识别号		4.50101E+14	
车辆类型	轿车	厂牌型号	上海明悦SVW169BAD	产 地	中国上海	
合格证号	WAE056901074512	进口证明书号	国产	商检单号		
发动机号	125671	车辆识别代号/车架号码		LSVFB455494096873		
价税合计	⊗壹拾伍万元整			小写	￥150,000.00	
销货单位名称	广西上好汽车销售公司			电话	0771－5110071	
纳税人识别号	450100789334369			账号	213676876545678987	
地 址	南宁市竹溪路45号		开户银行	南宁市工行长湖支行		
增值税税率或征收率	17%	增值税税额	21,794.87	主管税务机关及代码	南宁市兴宁区国家税务局 145010200	
不含税价	小写	￥128,205.13	吨位	1.38	限乘人数	5

销货单位盖章 专用章

开票 文丽明

备注：一车一票

450100776552458

198

4-4

中国工商银行（桂）
转账支票存根

$\frac{B}{0}$ $\frac{X}{2}$ 00631652

附加信息 _____

_____

_____

出票日期 2017 年 2 月 5 日

收款人：	李芸
金 额：	25,000.00
用 途：	备用金

单位主管   会计

199   5

借 款 单

借款理由: 办理办公室小轿车入户手续	现金付讫	
借款数额: ⊗壹万陆仟元整		￥16,000.00
	借款人签章 王海 2017年2月5日	
单位负责人意见: 同意李明 2017年2月5日	部门领导意见: 同意朴相良 2017年2月5日	会计主管人员意见: 同意王波 2017年2月5日

费 用 报 销 单

报销部门: 行政部   填报日期: 2017年2月6日

报 销 事 由	金 额	单位领导	
小轿车入户、保险费	15,955.51		同意李明 2017年2月6日
现金付讫			
		部门领导	同意朴相良 2017年2月6日
合计(大写)⊗壹万伍仟玖佰伍拾伍元伍角壹分	小写 15,955.51		

会计主管: 王波   出纳: 李芸   填制人: 王海

中 华 人 民 共 和 国
税收缴款书(税务收现专用)

国

(151)桂国现00302358

填发日期:2017年2月5日　　税务机关:南宁市国家税务局车辆购置税征收管理分局北湖办税厅

纳税识别号	450100775685016				纳税人名称	南宁市旭日食品公司	
地　址	南宁市长湖路69号						
税　种	品目名称	课税数量	计税金额或销售收入	税率或单位税额	税款所属时期	已缴或扣除额	实缴金额
车辆购置税	车辆购置税	1	128,205.13	0.1	20170101-20170131	0.00	12,820.51
金额合计(大写):人民币壹万贰仟捌佰贰拾元伍角壹分							￥12,820.51

税务机关(盖章)车辆税征税专用(盖章)	代征单位	填票人	备注: (151)桂国现00302358 一般申报 正税 主管税务所(科、分局):南宁市国家税务局 车辆购置税征收 管理分局北湖办税厅,发票价格:12,820.51 车辆厂牌:上海明悦SVW168BAD,车辆型号:上海明悦SVW168BAD 车辆识别代号:LSVFB455494096873 车辆电子税票号码:456787654567687

妥善保管

202

第一联(收据)交纳税人作完税证明

2月份业务

7-2

201

发票号:708542097
车牌号:桂ALK029

2017 / 2 / 5

广西壮族自治区政府非税收入专用收据

桂O(08)　　　　No 08481825

交款单位(个人)	南宁市旭日食品公司			收费许可证字号		25128301	
收 费 项 目		数 量		收费标准		金额(元)	
业务类型	收费项目	单位		标准	数量	金额	
注册(年审两年)	汽车反光号牌工本费	付		100	1	￥100.00	
	机动车登记证书工本费	本		10	1	￥10.00	
	机动车辆行驶证工本费	本		15	1	￥15.00	
	临时号牌费	块		5	2	￥10.00	
合计金额(大写) 壹佰叁拾伍元整						￥135.00	
备注				结算方式		现金	

收款单位(公章)　　　　财会主管(章):宋丹　　　　收款人(章):刘燕

203

第一联:收据

7-3

广西壮族自治区政府非税收入专用收据

桂O（08）　　　　　　No 08481882

交款单位(个人)	南宁市旭日食品公司		收费许可证 字号		25128301	
收 费 项 目		数 量		收费标准	金额(元)	
业务类型	收费项目	单位	标准	数量	金额	
	临时号牌费	块	5	2	￥10.00	
合计金额(大写)	壹拾元整				￥ 10.00	
备注			结算方式		现金	

收款单位(公章)　　　　　　　　　　　　财会主管(章)：宋丹　　　　收款人(章)：　刘燕

204

第一联：收据

2 月 份 业 务

7-4

4589990980

广西增值税专用发票

No 19808765

203

发票联

开票日期：2017 年 2 月 5 日

购货方	名　　　称：南宁市旭日食品公司						密码区		略		
	纳税人识别号：450100775685016										
	地址、电话：长湖路69号　0771-5588626										
	开户行及账号：工行南宁市长湖支行 2102105009002236409										
货物或应税劳务、服务名称		规格型号	单位	数量	单价		金额	税率		税额	
综合机动车辆保险				1	2,820.75		2,820.75	6%		169.25	
合　计							￥2,820.75			￥169.25	
价税合计(大写)		⊗贰仟玖佰玖拾元整					(小写)￥2,990.00				
销货方	名　　　称：中国阳光财产保险公司广西分公司						备注	桂ALK029			
	纳税人识别号：450111987645367							保单号BDDH2008450900784306			
	地址、电话：广西南宁市竹园路42号 0771-5825533										
	开户行及账号：工行南宁市江南支行 45000020050976 8937										

收款人：　　　　　　　　复核：陆玲　　　开票人：陆玲　　　销货方：(章)

205

税总函〔2016〕116号广州东港安全印制有限公司

第二联：发票联　购货方记账凭证

7-5

收 款 收 据

今收到　王海

交来　现金

现金收讫

金额(大写)　⊗佰拾肆元肆角玖分

(小　写)　￥44.49

备注：原借款16,000元，交回15,955.51元单据冲账

收款单位(财务专用章)

收款人：李芸

7-6

205

南宁市旭日食品公司固定资产验收单

名称	规格型号	来源	数量	购(造价)	使用年限	预计残值率
上海明悦轿车	SVW169BAD	购入	1			
安装费	月折旧率	月折旧额	交工日期		附件	
			2017 年 2 月 6 日		折旧方法	建造单位
验收部门	物资部	验收人员	王东	管理部门	办公室	管理人员　安博勇
备注						

8

中国工商银行同城通兑回单（收账通知）

日期：2017 年 2 月 6 日

付款单位	户 名	南宁市同顺公司	收款单位	户 名	南宁市旭日食品公司
	账号	4598776655451240000		账号	21021050090022236409
	开户行	工行南宁市江南支行		开户行	工行南宁市长湖支行
金额(大写)	⊗玖万零玖拾元整			￥90,090.00	
备注	凭证种类： 摘要： 货款		凭证号： 交易类型：	中国工商银行 银行章 2017年2月6日 银行章	

复核(授权)：　　　　　　　　　　打印：

208　　　　　　　　　　　　　　　　　　　　　　　　9

中国工商银行同城通兑回单（收账通知）

日期：2017 年 2 月 6 日

付款单位	户 名	南宁市同发公司	收款单位	户 名	南宁市旭日食品公司
	账 号	2102108451232078512		账 号	21021050090022236409
	开户行	工行南宁市中山路支行		开户行	工行南宁市长湖支行
金额(大写)	⊗肆万陆仟零伍拾元整			￥46,050.00	
备注	凭证种类： 摘要： 货款		凭证号： 交易类型：	中国工商银行 银行章 2017年2月6日 银行章	

复核(授权)：　　　　　　　　　　打印：

209　　　　　　　　　　　　　　　　　　　　　　　　10

中国工商银行同城通兑回单（收账通知）

日期：2017 年 2 月 8 日

付款单位	户 名	南宁市金美公司	收款单位	户 名	南宁市旭日食品公司
	账 号	2102102154785469003		账 号	21021050090022236409
	开户行	工行南宁市江南支行		开户行	工行南宁市长湖支行
金额(大写)	⊗贰拾万元整			￥200,000.00	
备注	凭证种类： 摘要： 货款		凭证号： 交易类型：	中国工商银行 银行章 2017年2月8日 银行章	

复核(授权)：　　　　　　　　　　打印：

210　　　　　　　　　　　　　　　　　　　　　　　　11

2月份业务

207

收 款 收 据

2017 年 2 月 10 日   No. 0036509

今收到 南宁市同发公司	
交来 银行承兑汇票一张(票据号码:298653666 承兑协议编号:4501258796. 汇票到期日 2017 年 5 月 10 日)	
金额(大写) ⊗壹拾万元整	
(小 写) ￥100,000.00	
备注:	
	收款单位(财务专用章)

收款人: 李芸

211   12-1

第二联:记账联

2 月 份 业 务

银行承兑汇票

209

出票日期	贰零壹柒年零贰月壹拾日				票据号码		298653666
出票人全称	南宁市同发公司	收款人	全 称	南宁市旭日食品公司			
出票人账号	21021084512320 78512		账 号	21021050090022 36409			
付款行全称	工行南宁市中山路支行		开户银行	工行南宁市长湖支行			
出票金额	人民币(大写)⊗壹拾万元整			亿 千 百 十 万 千 百 十 元 角 分 ￥1 0 0 0 0 0 0 0			
汇票到期日 (大写)	贰零壹柒年零伍月壹拾日	付款行	行号	100568954			
承兑协议编号 NO 4501258796			地址	南宁市工行中山路 123 号			
本汇票请你行承兑,到期无条件付款		本汇票已经承兑,到期由本行付款					
南宁市同发公司 财务专用章	张旭 印	25686785896633 汇票专用章 承兑行签章					
		承兑日期 年 月 日					
		备注 1503		复核 记账			

中国工商银行

注:此为复印件,原件将用于向银行承兑或背书

212   12-2

210

用 款 申 请 书

2017 年 2 月 10 日

申请部门	物资部	用　途	付货款
经办人	林森		
结算方式	电汇	金　额	100,620.00
对方单位名称	北海天安公司	开户银行	工行北海市城南支行
		账　号	4556676745466760000

领导批示：同意	会计主管人员意见：同意	部门领导意见：同意
李明	王波	郑向阳
2017 年 2 月 10 日	2017 年 2 月 10 日	2017 年 2 月 10 日

213

13-1

中国工商银行电汇凭证(回单)

委托日期　2017 年 2 月 10 日

汇款人	全　称	南宁市旭日食品公司	收款人	全　称	北海天安公司										
	账　号	21021050090022236409		账　号	4556676745466760078									
	开户银行	工行南宁市长湖支行		开户银行	工行北海市城南支行									
金额	人民币(大写)	⊗壹拾万零陆佰贰拾元整				千	百	十	万	千	百	十	元	角	分
							¥	1	0	0	6	2	0	0	0
	汇出行签章	中国工商银行 南宁市长湖支行 2017年1月10日 业务清讫		支付密码 附加信息及用途	货款										

214

13-2

用 款 申 请 书

2017 年 2 月 10 日

申请部门	物资部	用　途	付货款
经办人	林森		
结算方式	电汇	金　额	30,000.00
对方单位名称	灵山县海利养殖场	开户银行	农行灵山县城南支行
		账　号	4500200307856897986
领导批示：同意 李明 2017 年 2 月 10 日		会计主管人员意见：同意 王波 2017 年 2 月 10 日	部门领导意见：同意 郑向阳 2017 年 2 月 10 日

中国工商银行电汇凭证(回单)

委托日期　2017 年 2 月 10 日

汇款人	全　称	南宁市旭日食品公司	收款人	全　称	灵山县海利养殖场									
	账　号	2102105009002236409		账　号	4500200307856897986	千	百	十	万	千	百	十	元	角	分
	开户银行	工行南宁市长湖支行		开户银行	工行北海市城南支行									
金额	人民币 (大写)	⊗叁万元整						￥	3	0	0	0	0	0	0
	汇出行签章 中国工商银行 南宁市长湖支行 2017年2月10日 业务清讫		支付密码 附加信息及用途		货款									

214

用 款 申 请 书

2017 年 2 月 11 日

申请部门	物资部	用 途	付货款
经办人	林森		
结算方式	转账	金 额	50,000.00
对方单位名称	南宁市光辉食品公司	开户银行	农行南宁市青环支行
		账 号	45566767454667770078

领导批示：同意	会计主管人员意见：同意	部门领导意见：同意
李明	王波	郑向阳
2017 年 2 月 11 日	2017 年 2 月 11 日	2017 年 2 月 11 日

217

中国工商银行
转账支票存根 (桂)

云南证券印务有限公司2015年印制

$\frac{B}{0}$ $\frac{X}{2}$ 00631779

附加信息 _____

_____

_____

_____

出票日期 2017 年 2 月 11 日

收款人：南宁市光辉食品公司

金 额：50,000.00

用 途：付货款

单位主管   会计

218   15-2

企业真账演练——工业企业

中国工商银行进账单(回单)

2017 年 2 月 11 日

<table>
<tr><td rowspan="3">出票人</td><td>全 称</td><td>南宁市旭日食品公司</td><td rowspan="3">收款人</td><td>全 称</td><td>南宁市光辉食品公司</td></tr>
<tr><td>账 号</td><td>21021050090022236409</td><td>账 号</td><td>45566767454667700078</td></tr>
<tr><td>开户银行</td><td>工行南宁市长湖支行</td><td>开户银行</td><td>南宁市农行青环支行</td></tr>
</table>

金额	人民币 (大写)	⊗伍万元整	亿	千	百	十	万	千	百	十	元	角	分
						￥	5	0	0	0	0	0	0

中国工商银行
南宁市长湖支行
2017年2月11日
业务清讫

汇出行签章

支付密码
附加信息及用途　　　　货款

219　　　　　　　　　　　　　　　　　　　　　　　　　　　15-3

2 月 份 业 务

217

用 款 申 请 书

2017 年 2 月 11 日

申请部门	物资部	用 途	付货款
经办人	林森		
结算方式	现金	金 额	16,000.00
对方单位名称	刘阳	开户银行	
		账 号	

领导批示: 同意	会计主管人员意见: 同意	部门领导意见: 同意
李明	王波	郑向阳
2017 年 2 月 11 日	2017 年 2 月 11 日	2017 年 2 月 11 日

220　　　　　　　　　　　　　　　　　　　　　　　　　　　16-1

中国工商银行 （桂）
转账支票存根

$\frac{B}{0}$ $\frac{X}{2}$ 00631652

附加信息

刘阳 2017.2.11

出票日期 2017 年 2 月 11 日

收款人：刘阳

金　额：16,000.00

用　途：付货款

单位主管　　　　会计

221　　　　　　　　16-2

219

用 款 申 请 书

2017 年 2 月 11 日

申请部门	物资部	用 途	付货款
经办人	林森		
结算方式	银行承兑汇票	金 额	100,000.00
对方单位名称	南宁市利达公司	开户银行	
		账 号	
领导批示：同意 李明 2017 年 2 月 11 日		会计主管人员意见：同意 王波 2017 年 2 月 11 日	部门领导意见：同意 郑向阳 2017 年 2 月 11 日

222　　　　　　　　　　　　　　　　　　　　17-1

云南证券印务有限公司2015年印制

收 款 收 据

2017 年 2 月 11 日   No. 00541520

今收到 南宁市旭日食品公司

交来 银行承兑汇票一张（票据号码：298653666 承兑协议编号：4501258796,

汇票到期日 2017 年 5 月 10 日）

金额（大写）   ⊗壹拾万元整

（小 写）   ￥100,000.00

收款单位（财务专用章）

★

财务专用章

备注：（将同发公司交来的银行承兑汇票背书）

收款人：刘海梅

223   17-2

第二联：记账联

2 月 份 业 务

银行承兑汇票

221

出票日期	贰零壹柒年零贰月壹拾日			票据号码	298653666
出票人全称	南宁市同发公司	收款人	全 称	南宁市旭日食品公司	
出票人账号	2102108451232078512		账 号	2102105009002236409	
付款行全称	工行南宁市中山路支行		开户银行	工行南宁市长湖支行	

出票金额	人民币（大写）⊗壹拾万元整		亿	千	百	十	万	千	百	十	元	角	分
					￥	1	0	0	0	0	0	0	0	0

汇票到期日（大写）	贰零壹柒年零伍月壹拾日	付款行	行号	100568954
承兑协议编号	NO 4501258796		地址	南宁市工行中山路 123 号

本汇票请你行承兑,到期无条件付款

本汇票已经承兑,到期日由本行

付款

南宁市同发公司
财务专用章

张旭
印

中国工商银行

25686785896633

汇票专用章   承兑行签章

承兑日期   年 月 日

备注   1503   复核   记账

注：此为复印件,原件背书给南宁市利达公司

224   17-3

ICBC 工商银行(广西区)分行电子缴税付款凭证

转账日期：2017 年 2 月 11 日　　　　　　　　　　凭证号：4500801235587

纳税人全称及纳税识别号： 南宁市旭日食品公司	450100775685016
付款人全称： 南宁市旭日食品公司	征收机关名称： 南宁市青秀区国家税务局
付款人账号： 21021050090022236409	收款国库银行： 国家金库南宁市青秀区支库
付款人开户行： 工行南宁市长湖支行	缴款书交易流水号： 14500080132885700
小写(合计)金额： ￥34,576.32	税票号码：520760560000576234

大写(合计)金额： 叁万肆仟伍佰柒拾陆元叁角贰分

税(费)种名称	所属日期	实缴金额
应交增值税	20170101-20170131	￥33,647.37

中国工商银行
南宁市长湖支行
2017年2月11日
转讫

打印时间：

会计流水号：14500080132885700　　　　　　　　　　复核：

225　　　　　　　　　　　　　　　　　　　　　　　18

2 月 份 业 务

223

ICBC 工商银行(广西区)分行电子缴税付款凭证

转账日期：2017 年 2 月 11 日　　　　　　　　　　凭证号：4500801235548

纳税人全称及纳税识别号： 南宁市旭日食品公司	450100775685016
付款人全称： 南宁市旭日食品公司	征收机关名称： 南宁市青秀区国家税务局
付款人账号： 21021050090022236409	收款国库： 国家金库南宁市青秀区支库
付款人开户行： 工行南宁市长湖支行	缴款书交易流水号： 145000801328855701
小写(合计)金额： ￥506.00	税票号码：520760560000572346

大写(合计)金额： 伍佰零陆元整

税(费)种名称	所属日期	实缴金额
水利建设基金	20170101-20170131	￥506.00

中国工商银行
南宁市长湖支行
2017年2月11日
转讫

打印时间：

会计流水号：14500080132885701　　　　　　　　　　复核：

226　　　　　　　　　　　　　　　　　　　　　　　19

中　华　人　民　共　和　国
税　收　完　税　证　明

地

(151)桂地证002720042

填发日期：2017 年 2 月 10 日　　　　　　　　税务机关：南宁市青秀区地方税务局

纳税识别号		450100775685016	纳税人名称		南宁市旭日食品公司
原凭证号	税　种	品目名称	税款所属时期	入(退)库日期	实缴(退)金额
201WB000000204560	城市维护建设税		20170101-20170131		2,355.32
201WB000000204561	教育费附加		20170101-20170131		1,009.42
201WB000000204562	地方教育附加		20170101-20170131		672.95
金额合计	大写：肆仟零叁拾柒元陆角玖分				￥4,037.69
税务机关 征税专用章	填票人		备注：证明号码00380225		
			征收机构：南宁市青秀区地方税务局		
			页码：1/1		

妥善保管、手写无效

227

20

（收据）交纳税人作完税证明

2 月 份 业 务

225

中　华　人　民　共　和　国
税　收　完　税　证　明

地

(151)桂地证00302228

填发日期：2017 年 2 月 13 日　　　　　　　　税务机关：南宁市青秀区地方税务局

纳税识别号		450100775685016	纳税人名称		南宁市旭日食品公司
原凭证号	税　种	品目名称	税款所属时期	入(退)库日期	实缴(退)金额
201701000089011	个人所得税		20170101-20170131		97.82
金额合计	大写：人民币玖拾柒元捌角贰分				￥97.82
税务机关 征税专用章	填票人		备注：证明号码00380256		
			征收机构：南宁市青秀区地方税务局		
			页码：1/1		

妥善保管、手写无效

228

21

（收据）交纳税人作完税证明

用　款　申　请　书

2017 年 2 月 13 日

申请部门	财务部	用　途	付1月份工资
经办人	李芸		
结算方式	转账	金　额	49,476.23
对方单位名称	工行南宁市长湖支行	开户银行	工行南宁市长湖支行
		账　号	2102105004502945601
领导批示： 同意 李明 2017 年 2 月 13 日	会计主管人意见： 同意 王波 2017 年 2 月 13 日	部门领导意见： 同意 安博勇 2017 年 2 月 13 日	

22-1

2017年1月工资结算表

发放日期：2017 年 2 月 13 日

姓名	部门	职务	基本工资	岗位工资	应发工资	保险费	个人所得税	扣款合计	实发工资
李明	总经办	总经理	4000	2000	6000	630.00	82.00	712.00	5,288.00
安博勇	总经办	副总	3000	1500	4500	472.50	15.82	488.32	4,011.67
袁莉	总经办	秘书	1800	850	2650	278.25		278.25	2,371.75
总经办合计			8800	4350	13,150	1,380.75	97.82	1,478.57	11,697.32
王波	财务部	经理	2000	1180	3180	333.90		333.90	2,846.10
李芸	财务部	出纳	1600	900	2500	262.50		262.50	2,237.50
财务部合计			3600	2080	5680	596.40	－	596.40	5,083.60
朴相良	行政管理	经理	2000	1200	3200	336.00		336.00	2,864.00
王海	行政管理	职员	1500	800	2300	241.50		241.50	2,058.50
行政部合计			3500	2000	5500	577.50	－	577.50	4,922.50
郑向阳	物资部	经理	2000	1000	3000	315.00		315.00	2,685.00
林森	物资部	职员	1500	800	2300	241.00		241.50	2,058.50
刘东	物资部	仓管	1400	800	2200	231.00		231.00	1,969.00
物资部合计			4900	2600	7500	787.50	－	787.50	6,712.50
朱利	销售部	经理	2000	1200	3200	336.00		336.00	2,864.00
李佳	销售部	职员	1500	800	2300	241.50		241.50	2,058.50
销售部合计			3500	2000	5500	577.50	－	577.50	4,922.50
陈可铭	制造部	经理	2000	1000	3000	315.00		315.00	2,685.00
张丽	制造部	管理员	1300	800	2100	220.50		220.50	1,879.50
周志军	制造部	工程师	1280	1000	2280	239.40		239.40	2,040.60
汪静	制造部	A产品生产工人	1250	800	2050	215.25		215.25	1,834.75
陈红	制造部	A产品生产工人	1300	800	2100	220.50		220.50	1,879.50
林林	制造部	A产品生产工人	1300	900	2200	231.00		231.00	1,969.00
张颐	制造部	B产品生产工人	1350	800	2150	225.75		225.75	1,924.25
李清	制造部	B产品生产工人	1280	900	2180	228.90		228.90	1,951.10
制造部合计			11,060	7000	18,060	1,896.30	－	1,896.30	16,163.70
总　计			35,360	20,030	55,390	5,815.95	97.82	5,913.77	49,476.23

中国工商银行
南宁市长湖支行
2017年2月13日
业务清讫

中国工商银行 (桂)
转账支票存根

$\frac{B}{0}$　$\frac{X}{2}$　00631805

附加信息 _____

_____

_____

_____

出票日期 2017 年 2 月 13 日

收款人：工行长湖支行
金　额：49,476.23
用　途：付工资

单位主管　　　　　会计

231　　　　　　　　22-3

229

中国工商银行进账单(回单)

2017 年 2 月 13 日

出票人	全　称	南宁市旭日食品公司	收款人	全　称	工行南宁市长湖支行
	账　号	21021050090022236409		账　号	4556676745466770078
	开户银行	工行南宁市长湖支行		开户银行	工行南宁市长湖支行

金额(大写)	⊗肆万玖仟肆佰柒拾陆元贰角叁分	亿	千	百	十	万	千	百	十	元	角	分
						¥	4	9	4	7	6	2	3

中国工商银行
南宁市长湖支行

汇出行签章　2017年2月13日
业务清讫

支付密码
附加信息及用途　　　付工资

232　　　　　　　　22-4

广西壮族自治区社会保险专用收款收据

桂0(07) No: 0956003

1013455695　　　　　2017 年 2 月 13 日　　　　　20055304 - 10 - 119

今收到：	南宁市旭日食品公司	交来	201701 - 201701	社会保险基金

人民币(大写)：⊗贰万壹仟壹佰伍拾捌元玖角捌分　　　小写：　　　¥21,158.98　　　此据

	缴费项目	缴费期限	缴费人数	单位应缴	个人应缴	金额合计
其中：	基本养老保险	201701201701	20	10,524.10	4,431.20	14,955.30
	失业保险	201701201701	20	276.95	276.95	553.90
	基本医疗保险	201701201701	20	3,877.30	1,107.80	4,985.10
	工伤保险	201701201701	20	221.56		221.56
	生育保险	201701201701	20	443.12		443.12

备注：	合计		收款方式	电子委托	¥21,158.98

说明：本收款收据适用于社会保险机构征缴社会保险基金的款项，包括单位缴纳的养老保险、失业保险、医疗保险、工伤保险、生育保险等生活保险基金的款项。

收款单位(公章)：　　　　　财务主管(章)：黎永　　　收款人(章)：王瑜

233　　　　　　　　　　　　　　　　　　　　　　　　　　　23-1

231

中国工商银行特种转账借方凭证

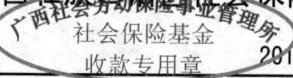

币种：人民币　　　　　2017 年 2 月 13 日　　　　　流水号：00325221

付款人	全 称	南宁市旭日食品公司	收款人	全 称	南宁市社保基本养老保险基金收入户
	账 号	21021050090022236409		账 号	21021030055550509
	开户行	工行南宁市长湖支行		开户行	建行南宁市圆湖路支行
金额	(大写) ⊗贰万壹仟壹佰伍拾捌元玖角捌分				¥21,158.98
用途	代扣社保				中国工商银行 南宁市长湖支行 2017年2月13日 业务清讫
备注：					银行盖章

234　　　　　　　　　　　　　　　　　　　　　　　　　　　23-2

用 款 申 请 书

2017 年 2 月 13 日

申请部门	物资部	用　途	采购
经办人	林森		
结算方式	银行汇票	金　额	40,000.00
对方单位名称	灵山县海利养殖场	开户银行	农行灵山县城南支行
		账　号	4500200307856897986

领导批示：同意	会计主管人员意见：同意	部门领导意见：同意
李明	王波	郑向阳
2017 年 2 月 13 日	2017 年 2 月 13 日	2017 年 2 月 13 日

235

24-1

2 月 份 业 务

中国工商银行　　汇票申请书（存根）

第277号

233

申请日期　　2017 年 2 月 13 日

申请人	南宁市旭日食品公司	收款人	灵山县海利养殖场									
帐号或地址	2102105009002236409	账号或地址	4500200307856897986									
用　途	采购	代理付款行	农行灵山县城南支行									
汇款金额	人民币（大写）⊗肆万元整			百	十	万	千	百	十	元	角	分
					￥	4	0	0	0	0	0	0

备　注：	10号	科　目	
		对方科目	
		财务主管　　　复核　　　经办	

236

24-2

此联申请人留存

中 国 工 商 银 行

银 行 汇 票

（多余款
收账通知）

桂 55/01 00011399

4

| 出票日期
（大写） | 贰零壹柒年零贰月壹拾叁日 | 代理付款行：农行灵山县城南支行 | 行号： |

| 收款人： | 灵山县海利养殖场 | 账号： | 4500200307856897986 |

| 出票金额 | 人民币
（大写） | ⊗肆万元整 |

实际结算金额 人民币（大写） ⊗叁万陆仟元整

千	百	十	万	千	百	十	元	角	分
			￥	3	6	0	0	0	0

| 申请人： | 南宁市旭日食品公司 | 账号： | 2102105009002236409 |

出票行：工行南宁市长湖支行 行号：2102105
0090022
36409

备注：

出票行盖章：

中国工商银行
2017年2月14日
业务清讫章

密押：

多余金额

千	百	十	万	千	百	十	元	角	分
				￥	4	0	0	0	0

左列退回多余金额已收入你的账户

237

25

此联出票行结清多余款后交申请人

2 月 份 业 务

收 款 收 据

2017 年 2 月 18 日

No. 003254101

235

今收到 南宁市旭日食品公司

| 交来 | 退纸箱押金 | 现金付讫 |

金额（大写） ⊗壹佰元整

（小 写） ￥100.00

收款单位(财务专用章)

备注：

收款人：林河

第三联：交款人

238

26

用款申请书

申请部门	制造部	用　途	付易拉罐生产线安装费
经办人	张丽		
结算方式	电汇	金　额	1,000.00
对方单位名称	柳州市神龙设备公司	开户银行	农行柳州市柳江支行
		账　号	45689990899904500
领导批示: 同意 李明 2017 年 2 月 26 日		会计主管人员意见: 同意 王波 2017 年 2 月 26 日	部门领导意见: 同意 陈可铭 2017 年 2 月 26 日

239

27-1

4589698750

广西增值税专用发票

发票联

№ 19009876

237

开票日期: 2017 年 2 月 26 日

购货方	名　　称: 南宁市旭日食品公司 纳税人识别号: 450100775685016 地址、电话: 长湖路 69 号　0771 - 5588626 开户行及账号: 工行南宁市长湖支行 2102105009002236409					密码区		略	
货物或应税劳务、服务名称	规格型号	单位	数量	单　价		金　额	税率	税　额	
易拉罐生产线安装费			1	854.70		854.70	17%	145.30	
合　计						¥854.70		¥145.30	
价税合计(大写)	⊗壹仟元整					(小写) ¥1,000.00			
销货方	名　　称: 柳州市神龙设备公司 纳税人识别号: 450200776525360 地址、电话: 柳州市柳江路 63 号　0772 - 486589 开户行及账号: 柳州市农业银行柳江支行 45689990899904500					备注			

税总函 【2016】116号广州东港安全印刷有限公司

第二联: 发票联　购货方记账凭证

收款人:	复核: 王利	开票人: 王利	销货方: (章)

240

27-2

238

中国工商银行电汇凭证(回单)

委托日期　2017 年 2 月 26 日

汇款人	全　称	南宁市旭日食品公司	收款人	全　称	柳州市神龙设备公司
	账　号	21021050090022236409		账　号	45689990899904500
	开户银行	工行南宁市长湖支行		开户银行	农行柳州市柳江支行

金额(大写)	⊗壹仟元整	千 百 十 万 千 百 十 元 角 分
		￥ 1 0 0 0 0 0

中国工商银行
南宁市长湖支行
2017年2月26日
业务清讫

汇出行签章

支付密码
附加信息及用途　付易拉罐生产线安装费

241

27-3

239

南宁市旭日食品公司固定资产验收单

名称	规格型号	来　源	数量	购(造价)	使用年限	预计残值率
易拉罐生产线	A787	购入	1			
安装费	月折旧率	月折旧额	交工日期		附　件	
			2017 年 2 月 26 日	折旧方法	建造单位	
验收部门	物资部	验收人员	刘东	管理部门	制造部	管理人员	张丽	直线法	

验收部门	物资部	验收人员	刘东	管理部门	制造部	管理人员	张丽	直线法
备注								

242

27-4

(二)采购业务

北海宇峰公司销售出货单

开单日期 2017 年 2 月 1 日　　　　　　　　　　出货仓库　　　　　　单号：NO. 00001

<table>
<tr><td rowspan="2">购货单位</td><td>名　　称</td><td colspan="2">南宁市旭日食品公司</td><td>税务登记号</td><td colspan="2">450100775685016</td></tr>
<tr><td>地址、电话</td><td colspan="2">长湖路 69 号　5588626</td><td>开户行及账号</td><td colspan="2">工行南宁市长湖支行
21021050090022236409</td></tr>
<tr><td rowspan="2">品名规格</td><td rowspan="2">单位</td><td colspan="2">数量</td><td rowspan="2">单价</td><td rowspan="2" colspan="2">金额</td></tr>
<tr><td>订货数</td><td>实发数</td></tr>
<tr><td>甲材料</td><td>公斤</td><td>1000</td><td>1000</td><td>32.76</td><td colspan="2">32760.00</td></tr>
<tr><td>价税合计(大写)</td><td colspan="4">⊗叁万贰仟柒佰陆拾元整</td><td>(小写)</td><td>¥32,760.00</td></tr>
</table>

销售经理：刘明　　　　审核：张林　　　　　　开票：李明　　　　　　制单：王江

243　　　　　　　　　　　　　　　　　　　　　　　　　　　　　　28-1

2 月份业务

241

4589898076　　　　　　　**广西增值税专用发票**　　　　№ 19098751

发票联

开票日期：2017 年 2 月 1 日

<table>
<tr><td rowspan="4">购货方</td><td>名　　称：</td><td colspan="6">南宁市旭日食品公司</td><td rowspan="4">密码区</td><td rowspan="4">略</td></tr>
<tr><td>纳税人识别号：</td><td colspan="6">450100775685016</td></tr>
<tr><td>地址、电话：</td><td colspan="6">长湖路 69 号　0771 - 5588626</td></tr>
<tr><td>开户行及账号：</td><td colspan="6">工行南宁市长湖支行 21021050090022236409</td></tr>
<tr><td colspan="2">货物或应税劳务、服务名称</td><td>规格型号</td><td>单位</td><td>数 量</td><td>单 价</td><td>金 额</td><td>税率</td><td>税 额</td></tr>
<tr><td colspan="2">甲材料</td><td></td><td>公斤</td><td>1000</td><td>28.00</td><td>28,000.00</td><td>17%</td><td>4,760.00</td></tr>
<tr><td colspan="2">合　计</td><td></td><td></td><td></td><td></td><td>¥28,000.00</td><td></td><td>¥4,760.00</td></tr>
<tr><td colspan="2">价税合计(大写)</td><td colspan="5">⊗叁万贰仟柒佰陆拾元整</td><td>(小写)¥32,760.00</td><td></td></tr>
<tr><td rowspan="4">销货方</td><td>名　　称：</td><td colspan="6">北海宇峰公司</td><td rowspan="4">备注</td><td rowspan="4"></td></tr>
<tr><td>纳税人识别号：</td><td colspan="6">450100778765466</td></tr>
<tr><td>地址、电话：</td><td colspan="6">北海市青山东路 1 号　0779 - 8867654</td></tr>
<tr><td>开户行及账号：</td><td colspan="6">工行北海市城南支行 45689990899904500</td></tr>
</table>

收款人：　　　　　　复核：张林　　　开票人：张林　　　销货方：(章)

244　　　　　　　　　　　　　　　　　　　　　　　　　　　　　　28-2

税总函 [2016] 116号广州东港安全印刷有限公司

第二联：发票联　购货方记账凭证

南宁市旭日食品公司采购收货单

收货日期：2017 年 2 月 1 日　　　　　　　　　　　　　单号：NO.00001

供货单位	北海宇峰公司			
品名规格	单位	数量	单价	金额
甲材料	公斤	1000	28.00	28,000.00
合　　计				￥28,000.00

仓管员：刘东

用 款 申 请 书

2017 年 2 月 1 日

申请部门	物资部	用　途	付甲材料运费
经办人	林森		
结算方式	转账	金　额	1,000.00
对方单位名称	南宁顺利物流公司	开户银行	建行南宁市安吉路支行
		账　号	45000020050958400
领导批示：同意 李明 2017 年 2 月 1 日		会计主管人员意见：同意 王波 2017 年 2 月 1 日	部门领导意见：同意 郑向阳 2017 年 2 月 1 日

中国工商银行 (桂)
转账支票存根

$\frac{B}{0}$ $\frac{X}{2}$ 00631884

附加信息 _____

_____

_____

出票日期 2017 年 2 月 1 日

| 收款人：南宁顺利物流公司 |
| 金　额：1,000.00 |
| 用　途：运费 |

单位主管　　　　　会计

247　　　　　　　　　　28-5

中国工商银行进账单(回单)

2017 年 2 月 1 日

出票人	全　称	南宁市旭日食品公司	收款人	全　称	南宁顺利物流公司											
	账　号	21021050090022236409		账　号	450000200509584009											
	开户银行	工行南宁市长湖支行		开户银行	建行南宁市安吉路支行											
金额	人民币(大写)	⊗壹仟元整				亿	千	百	十	万	千	百	十	元	角	分
										¥	1	0	0	0	0	0

中国工商银行
南宁市长湖支行
2017年2月1日
业务清讫

汇出行签章　　　　　支付密码
　　　　　　　　　附加信息及用途　　　　运费

248　　　　　　　　　　28-6

广西增值税专用发票

No 19800034

发票联

开票日期：2017 年 2 月 2 日

税总函【2016】116号广州东港安全印制有限公司

购货方	名　　称：南宁市旭日食品公司 纳税人识别号：450100775685016 地址、电话：长湖路69号　0771－5588626 开户行及账号：工行南宁市长湖支行 21021050090022236409				密码区			略	
货物或应税劳务、服务名称	规格型号	单位	数量	单　价	金额	税率	税　额
运输服务费			1	900.90	900.90	11%	99.10
合　计					￥900.90		￥99.10
价税合计(大写)	⊗壹仟元整				(小写)￥1,000.00		
销货方	名　　称：南宁顺利物流公司 纳税人识别号：450111771055751 地址、电话：南宁市安吉路35号　0771－3925543 开户行及账号：建行南宁市安吉路支行450000200509584009				备注		南宁顺利物流公司 450111771055751 发票专用章	

收款人：　　　　复核：陈柳云　　开票人：陈柳云　　　销货方：(章)

249

28-7

247

第二联：发票联　购货方记账凭证

北海天安公司销售出货单

开单日期2017 年 2 月 6 日　　　　　　出货仓库　　　　单号：NO. 00010

购货单位	名　　称	南宁市旭日食品公司		税务登记号	450100775685016	
	地址、电话	长湖路69号　5588626		开户行及账号	工行南宁市长湖支行 21021050090022236409	
品名规格	单位	数量		单价	金额
		订货数	实发数		
甲材料	公斤	1000	1000	32.76	32,760.00
价税合计(大写)	⊗叁万贰仟柒佰陆拾元整			(小写)	￥32,760.00

销售经理：刘明　　　审核：张林　　　　开票：李明　　　　制单：王江

250

29-1

第二联：客户联

广西增值税普通发票

发票联

开票日期：2017 年 2 月 6 日

购货方	名　　　　称：南宁市旭日食品公司 纳税人识别号：450100775685016 地址、电话：长湖路69号　0771-5588626 开户行及账号：工行南宁市长湖支行2102105009002236409					密码区			略	
货物或应税劳务、服务名称	规格型号	单位	数量	单价	金额	税率	税　额			
甲材料		公斤	1000	28.00	28,000.00	17%	4,760.00			
合　计					￥28,000.00		￥4,760.00			
价税合计（大写）	⊗叁万贰仟柒佰陆拾元整				（小写）￥32,760.00					
销货方	名　　　　称：北海天安公司 纳税人识别号：450100776567886 地址、电话：北海市青山东路63号　0779-8866075 开户行及账号：工行北海市城南支行2102108256899002489					备注				

收款人：　　　　　复核：张林　　开票人：李明　　销货方：（章）

251

北海天安公司
450100776587886
发票专用章

29-2

南宁市旭日食品公司采购收货单

收货日期：2017 年 2 月 7 日

单号：00002

供货单位	北海天安公司			
品名规格	单位	数量	单价	金额
甲材料	公斤	1000	32.76	32,760.00
合　　计				￥32,760.00
备　注				

仓管员：刘东

252

29-3

用 款 申 请 书

2017 年 2 月 7 日

申请部门	物资部	用　途	付甲材料运费
经办人	林森		
结算方式	转账	金　额	1,000.00
对方单位名称	南宁顺利物流公司	开户银行	建行南宁市安吉路支行
		账　号	450000200509584009

领导批示: 同意 李明 2017 年 2 月 7 日	会计主管人员意见: 同意 王波 2017 年 2 月 7 日	部门领导意见: 同意 郑向阳 2017 年 2 月 7 日

253

29-4

251

中国工商银行（桂）
转账支票存根

$\frac{B}{0}$　$\frac{X}{2}$　　00631884

附加信息 _____

_____

_____

出票日期 2017 年 2 月 7 日

收款人: 南宁顺利物流公司
金　额: 1,000.00
用　途: 运费

单位主管　　　会计

云南证券印务有限公司2015年印制

254

29-5

中国工商银行进账单(回单)

2017 年 2 月 7 日

出票人	全 称	南宁市旭日食品公司	收款人	全 称	南宁顺利物流公司
	账 号	2102105009002236409		账 号	450000200509584009
	开户银行	工行南宁市长湖支行		开户银行	建行南宁市安吉路支行

金额	人民币 (大写)	⊗壹仟元整	亿 千 百 十 万 千 百 十 元 角 分 ¥ 1 0 0 0 0 0

中国工商银行
南宁市长湖支行
2017年2月7日
业务清讫

汇出行签章

支付密码
附加信息及用途   运费

255   29-6

此联是出票人开户银行交给出票人的回单

4589990945

广西增值税专用发票

发票联

No 19800678

253

开票日期: 2017 年 2 月 7 日

购货方	名 称: 南宁市旭日食品公司 纳税人识别号: 450100775685016 地址、电话: 长湖路 69 号 0771-5588626 开户行及账号: 工行南宁市长湖支行 2102105009002236409				密码区	略		
货物或应税劳务、服务名称	规格型号	单位	数量	单价	金额	税率	税额
运输服务费			1	900.90	900.90	11%	99.10
合 计					¥900.90		¥99.10

价税合计(大写)	⊗壹仟元整	(小写)¥1,000.00

销货方	名 称: 南宁顺利物流公司 纳税人识别号: 450111771055751 地址、电话: 南宁市安吉路 35 号 0771-3925543 开户行及账号: 建行南宁市安吉路支行 450000200509584009	备注	北海-南宁 桂AW0964 2017年2月7日 450111771055751 发票专用章

收款人: 复核: 陈柳云   开票人: 陈柳云   销货方:(章)

256   29-7

税总函【2016】116号广州东港安全印刷有限公司

第二联:发票联 购货方记账凭证

灵山新丰食品公司销售出货单

开单日期 2017 年 2 月 9 日　　　　　　　　出货仓库　　　　　　单号：NO. 00005

<table>
<tr><td rowspan="2">购货单位</td><td>名　称</td><td colspan="2">南宁市旭日食品公司</td><td>税务登记号</td><td colspan="2">450100775685016</td></tr>
<tr><td>地址、电话</td><td colspan="2">长湖路 69 号　5588626</td><td>开户行及账号</td><td colspan="2">工行南宁市长湖支行
21021050009002236409</td></tr>
<tr><td rowspan="2">品名规格</td><td rowspan="2">单位</td><td colspan="2">数量</td><td rowspan="2">单价</td><td rowspan="2">金额</td></tr>
<tr><td>订货数</td><td>实发数</td></tr>
<tr><td>甲材料</td><td>公斤</td><td>1000</td><td>1000</td><td>28.00</td><td>28,000.00</td></tr>
<tr><td></td><td></td><td></td><td></td><td></td><td></td></tr>
<tr><td>价税合计（大写）</td><td colspan="3">⊗贰万捌仟元整</td><td>（小写）</td><td>￥28,000.00</td></tr>
</table>

销售经理：李星　　　审核：刘林　　　　开票：张欣　　　　制单：刘如江

257　　　　　　　　　　　　　　　　　　　　　　　　　　　30-1

4589687456　　　　　　**广西增值税普通发票**　　　　№ 19898765

255

发票联

开票日期：2017 年 2 月 9 日

<table>
<tr><td rowspan="4">购货方</td><td>名　称：</td><td colspan="5">南宁市旭日食品公司</td><td rowspan="4">密码区</td><td rowspan="4">略</td></tr>
<tr><td>纳税人识别号：</td><td colspan="5">450100775685016</td></tr>
<tr><td>地址、电话：</td><td colspan="5">长湖路 69 号　0771－5588626</td></tr>
<tr><td>开户行及账号：</td><td colspan="5">工行南宁市长湖支行 21021050009002236409</td></tr>
<tr><td colspan="2">货物或应税劳务、服务名称</td><td>规格型号</td><td>单位</td><td>数量</td><td>单价</td><td>金额</td><td>税率</td><td>税额</td></tr>
<tr><td colspan="2">甲材料</td><td></td><td>公斤</td><td>1000</td><td>27.18447</td><td>27,184.47</td><td>3%</td><td>815.53</td></tr>
<tr><td colspan="2">合　计</td><td></td><td></td><td></td><td></td><td>￥27,184.47</td><td></td><td>￥815.53</td></tr>
<tr><td colspan="2">价税合计（大写）</td><td colspan="4">⊗贰万捌仟元整</td><td colspan="3">（小写）￥28,000.00</td></tr>
<tr><td rowspan="4">销货方</td><td>名　称：</td><td colspan="5">灵山新丰食品公司</td><td rowspan="4">备注</td><td rowspan="4"></td></tr>
<tr><td>纳税人识别号：</td><td colspan="5">450100776543670</td></tr>
<tr><td>地址、电话：</td><td colspan="5">灵山县朝阳路 22 号　0779－8315236</td></tr>
<tr><td>开户行及账号：</td><td colspan="5">农行灵山县支行　45689990899904658</td></tr>
</table>

收款人：　　　　　复核：林林　　　开票人：李海　　　销货方：（章）

258　　　　　　　　　　　　　　　　　　　　　　　　　　30-2

南宁市旭日食品公司采购收货单

收货日期: 2017 年 2 月 10 日　　　　　　　　　　　　　　　　单号: NO.00003

供货单位	灵山新丰食品公司				
品名规格	单位	数量	单价	金额	
甲材料	公斤	1000	28.00	28,000.00	
合　计				￥28,000.00	

仓管员: 刘东

259　　　　　　　　　　　　　　　　　　　　　　　　　　　30-3

用 款 申 请 书

2017 年 2 月 11 日

申请部门	物资部	用　途	付甲材料运费
经办人	林森		
结算方式	转账	金　额	1,100.00
对方单位名称	南宁顺利物流公司	开户银行	建行南宁市安吉路支行
		账　号	450000200509584009
领导批示: 同意	会计主管人员意见: 同意		部门领导意见: 同意
李明	王波		郑向阳
2017 年 2 月 11 日	2017 年 2 月 11 日		2017 年 2 月 11 日

260　　　　　　　　　　　　　　　　　　　　　　　　　　　30-4

258

中国工商银行
转账支票存根（桂）

云南证券印务有限公司2015年印制

$\dfrac{B}{0}$ $\dfrac{X}{2}$ 00631884

附加信息

出票日期 2017 年 2 月 11 日

| 收款人：南宁顺利物流公司 |
| 金　额：1,100.00 |
| 用　途：运费 |

单位主管　　　　　会计

261　　　　　　　　30-5

中国工商银行进账单（回单）

2017 年 2 月 11 日

出票人	全 称	南宁市旭日食品公司	收款人	全 称	南宁顺利物流公司									
	账号	210210500900223 6409		账 号	450000200509584009									
	开户银行	工行南宁市长湖支行		开户银行	建行南宁市安吉路支行									
金额	人民币（大写）	⊗壹仟壹佰元整			亿	千	百	十	万	千	百	十	元	角	分
										￥	1	1	0	0	0	0

中国工商银行
南宁市长湖支行
2017年2月11日
业务清讫

汇出行签章　　　　　支付密码　　　　　　运费
　　　　　　　　　　附加信息及用途

262　　　　　　　　30-6

此联是出票人开户银行交给出票人的回单

2 月 份 业 务

4589990945

发票联

税总函【2016】116号广州东港安全印刷有限公司

开票日期：2017 年 2 月 11 日

| 购货方 | 名　　称：南宁市旭日食品公司
纳税人识别号：450100775685016
地址、电话：长湖路69号　0771-5588626
开户行及账号：工行南宁市长湖支行 21021050090022236409 | | | | 密码区 | 略 | | |

货物或应税劳务、服务名称	规格型号	单位	数量	单　价	金　额	税率	税　额
运输服务费			1	990.99	990.99	11%	109.01
合　计					¥990.99		¥109.01

| 价税合计（大写） | ⊗壹仟壹佰元整 | （小写）¥1,100.00 |

| 销货方 | 名　　称：南宁顺利物流公司
纳税人识别号：450111771055751
地址、电话：南宁市安吉路35号　0771-3925543
开户行及账号：建行南宁市安吉路支行450000200509584009 | 备注 | 灵山-南宁
桂AW6785 |

收款人：　　　　　复核：陈柳云　　开票人：陈柳云　　销货方：（章）

263　　　　　　　　　　　　　　　　　　　　　　　30-7

261

灵山县海利养殖场销售出货单

开单日期 2017 年 2 月 1 日　　　　出货仓库　　　　单号：NO.00001

购货单位	名　　称	南宁市旭日食品公司		税务登记号	450100775685016	
	地址、电话	长湖路69号 5588626		开户行及账号	工行南宁市长湖支行 21021050090022236409	

品名规格	单位	数量		单价	金额
		订货数	实发数		
乙材料	公斤	2000	2000	18.00	36,000.00

| 价税合计（大写） | ⊗叁万陆仟元整 | （小写）¥36,000.00 |

销售经理：刘进　　审核：张民　　　　开票：余婕　　　　制单：王林

264　　　　　　　　　　　　　　　　　　　　　　　31-1

4500987345

No 013090945

发票联

开票日期: 2017 年 2 月 1 日

购货方	名 称	南宁市旭日食品公司					密码区		略	
	纳税人识别号:	450100775685016								
	地 址、电 话:	长湖路 69 号 0771－5588626								
	开户行及账号:	工行南宁市长湖支行 2102105009002236409								

货物或应税劳务、服务名称	规格型号	单位	数量	单价	金额	税率	税额
乙材料（初级农产品）		公斤	2000	18.00	36,000.00	0	0
合 计					￥36,000.00		￥0

价税合计（大写）	⊗ 叁万陆仟元整	（小写）￥36,000.00

销货方	名 称	灵山县海利养殖场		备注	
	纳税人识别号:	450100795769096			
	地 址、电 话:	灵山县民族路 52 号 0777－4691655			
	开户行及账号:	农行灵山县城南支行45001200307856897986			

灵山海利养殖场
458887732928869
发票专用章

收款人: 复核: 于婕 开票人: 于婕 销货方:（章）

265

31-2

税总函【2016】116号广州东港安全印刷有限公司

第二联：发票联 购货方记账凭证

2 月 份 业 务

263

南宁市旭日食品公司采购收货单

收货日期: 2017 年 2 月 2 日

单号: NO.00004

供 货 单 位	灵山新丰食品公司				
品名规格	单位	数量	单价	金额
乙材料	公斤	2000	15.66	31,320.00
合 计				￥31,320.00

仓管员: 刘东

266

第二联：财会联

31-3

用 款 申 请 书

2017 年 2 月 2 日

申请部门	物资部	用　途	付乙材料运费
经办人	林森		
结算方式	转账	金　额	1,400.00
对方单位名称	南宁顺利物流公司	开户银行	建行南宁市安吉路支行
		账　号	450000200509584009

领导批示：同意	会计主管人员意见：同意	部门领导意见：同意
李明	王波	郑向阳
2017 年 2 月 2 日	2017 年 2 月 2 日	2017 年 2 月 2 日

267

31-4

4589990945

广西增值税专用发票
发票联

No 19800764

265

开票日期：2017 年 2 月 11 日

税总函【2016】116号广州东港安全印刷有限公司

购货方	名　称：南宁市旭日食品公司 纳税人识别号：450100775685016 地址、电话：长湖路69号　0771-5588626 开户行及账号：工行南宁市长湖支行 21021050090022236409					密码区	略		
货物或应税劳务、服务名称	规格型号	单位	数量	单价	金额	税率	税额		
运输服务费			1	1,261.26	1,261.26	11%	138.74		
合　计					￥1,261.26		￥138.74		
价税合计（大写）	⊗壹仟肆佰元整				（小写）￥1,400.00				

销货方	名　称：南宁顺利物流公司 纳税人识别号：450111771055751 地址、电话：南宁市安吉路35号　0771-3925543 开户行及账号：建行南宁市安吉路支行450000200509584009	备注	灵山-南宁 桂AW6785

第二联：发票联　购货方记账凭证

收款人：　　　　　复核：陈柳云　　开票：陈柳云　　　销货方：（章）

268

31-5

南宁顺利物流公司
450111771055751
发票专用章

中国工商银行
转账支票存根（桂）

$\frac{B}{0}$ $\frac{X}{2}$　　00631884

附加信息

出票日期 2017 年 2 月 2 日

收款人：南宁顺利物流公司

金　额：1,400.00

用　途：运费

单位主管　　　　会计

269　　　　　　　　31-6

中国工商银行进账单（回单）

2017 年 2 月 2 日

出票人	全称	南宁市旭日食品公司	收款人	全称	南宁顺利物流公司											
	账号	21021050090022236409		账号	450000200509584009											
	开户银行	工行南宁市长湖支行		开户银行	建行南宁市安吉路支行											
金额	人民币（大写）	⊗壹仟肆佰元整			亿	千	百	十	万	千	百	十	元	角	分
									¥	1	4	0	0	0	0

中国工商银行
南宁市长湖支行
汇出行签章　2017年2月2日
业务清讫

支付密码
附加信息及用途　　　　运费

270　　　　　　　　31-7

南宁市光辉食品公司销售出货单

开单日期 2017 年 2 月 2 日　　　　　　　　　出货仓库　　　　　　　单号：NO.00005

<table>
<tr><td rowspan="2">购货
单位</td><td>名　　称</td><td colspan="2">南宁市旭日食品公司</td><td>税务登记号</td><td colspan="2">450100775685016</td></tr>
<tr><td>地址、电话</td><td colspan="2">长湖路 69 号　5588626</td><td>开户行及账号</td><td colspan="2">工行南宁市长湖支行
21021050090002236409</td></tr>
<tr><td rowspan="2">品名规格</td><td rowspan="2">单位</td><td colspan="2">数量</td><td rowspan="2">单价</td><td colspan="2" rowspan="2">金额</td></tr>
<tr><td>订货数</td><td>实发数</td></tr>
<tr><td>乙材料</td><td>公斤</td><td>1000</td><td>1000</td><td>22.60</td><td colspan="2">22,600.00</td></tr>
<tr><td colspan="7"></td></tr>
<tr><td colspan="2">价税合计（大写）</td><td colspan="3">⊗贰万贰仟陆佰元整</td><td>（小写）</td><td>￥22,600.00</td></tr>
</table>

销售经理：余南　　　　审核：张新　　　　　　开票：李凡　　　　　制单：刘新华

271　　　　　　　　　　　　　　　　　　　　　　　　　　　　32-1

4500068765

广西增值税专用发票

发票联

No 01341908

269

开票日期：2017 年 2 月 2 日

<table>
<tr><td rowspan="4">购货方</td><td>名　　称：</td><td colspan="7">南宁市旭日食品公司</td><td rowspan="4">密码区</td><td rowspan="4">略</td></tr>
<tr><td>纳税人识别号：</td><td colspan="7">450100775685016</td></tr>
<tr><td>地址、电话：</td><td colspan="7">长湖路 69 号　0771－5588626</td></tr>
<tr><td>开户行及账号：</td><td colspan="7">工行南宁市长湖支行 21021050090002236409</td></tr>
<tr><td colspan="2">货物或应税劳务、服务名称</td><td>规格型号</td><td>单位</td><td>数　量</td><td>单　价</td><td>金额</td><td>税率</td><td colspan="2">税　额</td></tr>
<tr><td colspan="2">乙材料（初级农产品）</td><td></td><td>公斤</td><td>1000</td><td>20.00</td><td>20,000.00</td><td>13%</td><td colspan="2">2,600.00</td></tr>
<tr><td colspan="2">合　计</td><td></td><td></td><td></td><td></td><td>￥20,000.00</td><td></td><td colspan="2">￥2,600.00</td></tr>
<tr><td colspan="3">价税合计（大写）</td><td colspan="4">⊗贰万贰仟陆佰元整</td><td colspan="3">（小写）￥22,600.00</td></tr>
<tr><td rowspan="4">销货方</td><td>名　　称：</td><td colspan="7">南宁市光辉食品公司</td><td rowspan="4">备注</td><td rowspan="4"></td></tr>
<tr><td>纳税人识别号：</td><td colspan="7">450100776567888</td></tr>
<tr><td>地址、电话：</td><td colspan="7">南宁市青环路 63 号　0771－8866075</td></tr>
<tr><td>开户行及账号：</td><td colspan="7">农行南宁市青环支行 4556676745466770078</td></tr>
</table>

南宁市光辉食品公司
44501007765678
发票专用章

收款人：　　　　　　复核：李勇　　　开票人：李勇　　　　销货方：（章）

272　　　　　　　　　　　　　　　　　　　　　　　　　　　　32-2

南宁市旭日食品公司采购收货单

收货日期：2017 年 2 月 2 日   单号：NO.00005

供 货单 位	南宁市光辉食品公司				
品名规格	单位	数量	单价	金额	
乙材料	公斤	1000	20.00	20,000.00	
合　　　计				￥20,000.00	

仓管员：刘东

273   32-3

费 用 报 销 单

报销部门：物资部   填报日期：2017 年 2 月 2 日

报销事由	金 额	单位领导	同意 李明 2017 年 2 月 2 日
乙材料运费	80.00		
现金付讫			
		部门领导	同意 郑向阳 2017 年 2 月 2 日
合计(大写)⊗ 捌拾元整	小写 80.00		

会计主管：王波   出纳：李芸   填制人：林森

274   32-4

4589995788　　　　　广西增值税普通发票　　　　No 19800764

发票联

开票日期：2017 年 2 月 11 日

购货方	名　　称：南宁市旭日食品公司
	纳税人识别号：450100775685016
	地址、电话：长湖路 69 号　0771－5588626
	开户行及账号：工行南宁市长湖支行 2102105009002236409

密码区　　略

货物或应税劳务、服务名称	规格型号	单位	数量	单　价	金额	税率	税　额
运输服务费			1	77.67	77.67	3%	2.33
合　计					￥77.67		￥2.33

价税合计（大写）	⊗捌拾元整	（小写）￥80.00

销货方	名　　称：南宁红木棉运输公司
	纳税人识别号：450100768795029
	地址、电话：南宁市华强路 20 号　0771－3920978
	开户行及账号：建行南宁市华强路支行 450000200509987456

备注

南宁红木棉运输公司
450100768795029
发票专用章

收款人：　　　　复核：陈红　　　开票人：陈红　　　销货方：（章）
275　　　　　　　　　　　　　　　　　　　　　　　　　　　32-5

2 月份业务

第二联：发票联　购货方记账凭证

税总函〔2016〕116号广州东港安全印制有限公司

273

4500063135　　　　　广西增值税普通发票　　　　No 19546839

收购

发票联

开票日期：2017 年 2 月 2 日

购货方	名　　称：南宁市旭日食品公司
	纳税人识别号：450100775685016
	地址、电话：长湖路 69 号　0771－5588626
	开户行及账号：工行南宁市长湖支行 2102105009002236409

密码区　　略

货物或应税劳务、服务名称	规格型号	单位	数量	单　价	金额	税率	税　额
丙材料（初级农产品）		公斤	3000	3.00	9,000.00	0	0
合　计					￥9,000.00		￥0

价税合计（大写）	⊗玖仟元整	（小写）￥9,000.00

销货方	名　　称：刘阳
	纳税人识别号：450102196402280000
	地址、电话：南宁市良庆区达里村 4 大队　18258796164
	开户行及账号：

备注

南宁市旭日食品公司
450100775685016
发票专用章

收款人：　　　　复核：李芸　　　开票人：李芸　　　销货方：（章）
276　　　　　　　　　　　　　　　　　　　　　　　　　　　33-1

第二联：发票联　购货方记账凭证

税总函〔2016〕116号广州东港安全印制有限公司

南宁市旭日食品公司采购收货单

收货日期：2017 年 2 月 2 日   单号：NO.00006

供货单位	南宁市光辉食品公司				
品名规格	单位	数量	单价	金额
丙材料	公斤	3000	2.61	7,830.00
合　　　计				￥7,830.00

仓管员：刘东

277

275

费 用 报 销 单

报销部门：物资部   填报日期：2017 年 2 月 2 日

报销事由	金额	单位领导	同意 李明 2017 年 2 月 2 日
丙材料运费	200.00		
现金付讫			
		部门领导	同意 郑向阳 2017 年 2 月 2 日
合计(大写)⊗ 贰佰元整	小写 200.00		

会计主管：　王波　　　　　出纳：　李芸　　　　　填制人：　林森

278

4589995788

广西增值税专用发票

发票联

代开

开票日期：2017 年 2 月 2 日

购货方	名　　称：南宁市旭日食品公司 纳税人识别号：450100775685016 地址、电话：长湖路69号　0771-5588626 开户行及账号：工行南宁市长湖支行 21021050090002236409	密码区	略

货物或应税劳务、服务名称	规格型号	单位	数 量	单 价	金额	税率	税 额
运输服务费			1	194.17	194.17	3%	5.83
合　计					￥194.17		￥5.83

价税合计（大写）	⊗贰佰元整	（小写）￥200.00

销货方	名　　称：青秀区国税局办税服务厅自助代开发票终端（代开机关） 纳税人识别号：45010000DK88587　　（代开机关） 地址、电话：南宁市青秀区金湖路30号 0771-8848321 开户行及账号：32017110000012345　（完税凭证号）	备注	代开企业税号：450100768795029 代开企业名称： 南宁绿采棉运输公司 450100768795029

收款人：　　　　　　复核：　　　　　　开票人：青秀006　　　销货方：（章票专用章）

279

33-4

税总函【2016】116号广州东港安全印刷有限公司

南宁市光辉食品公司销售出货单

开单日期2017 年 2 月 5 日　　　　　　出货仓库　　　　单号：NO.00015

购货单位	名　称	南宁市旭日食品公司	税务登记号	450100775685016
	地址、电话	长湖路69号 5588626	开户行及账号	工行南宁市长湖支行 21021050090002236409

品名规格	单位	数量		单价	金额
		订货数	实发数		
甲材料	公斤	1000	1000	35.10	35,100.00
乙材料	公斤	1000	1000	22.60	22,600.00
价税合计（大写）	⊗伍万柒仟柒佰元整			（小写）	￥57,700.00

销售经理：余南　　　　审核：张新　　　　开票：李凡　　　　制单：刘新华

280

33-1

广西增值税专用发票

No 01398709

发票联

开票日期：2017 年 2 月 5 日

购货方				密码区		略			
名　　　称：南宁市旭日食品公司									
纳税人识别号：450100775685016									
地址、电话：长湖路 69 号　0771 - 5588626									
开户行及账号：工行南宁市长湖支行 2102105009002236409									

货物或应税劳务、服务名称	规格型号	单位	数 量	单 价	金 额	税率	税 额
甲材料		公斤	1000	30.00	30,000.00	17%	5,100.00
乙材料(初级农产品)		公斤	1000	20.00	20,000.00	13%	2,600.00
合　计					￥50,000.00		￥7,700.00

价税合计(大写)	⊗伍万柒仟柒佰元整	(小写)￥57,700.00

销货方		备注	南宁市光辉食品公司
名　　　称：南宁市光辉食品公司			44501007765678
纳税人识别号：450100776567888			发票专用章
地址、电话：南宁市青环路 63 号　0771 - 8866075			
开户行及账号：农行南宁市青环支行 4556676745466770078			

收款人：　　　　　复核：李勇　　开票人：李勇　　　　销货方：(章)

34-2

税总函【2016】116号广州东港安全印制有限公司

第二联：发票联　购货方记账凭证

2 月 份 业 务

279

南宁市旭日食品公司采购收货单

收货日期：2017 年 2 月 5 日

单号：NO.00007

供货单位	南宁市光辉食品公司				
品名规格	单位	数量	单价	金额
甲材料	公斤	1000	30.00	30,000.00
乙材料	公斤	1000	20.00	20,000.00
合　　　计				￥50,000.00

仓管员：刘东

34-3

第二联：财会联

费 用 报 销 单

报销部门：物资部 　　　　　　填报日期：2017 年 2 月 5 日

报 销 事 由	金 额	单位领导	同意 李明 2017 年 2 月 5 日
甲、乙材料运费	600.00		
现金付讫		部门领导	同意 郑向阳 2017 年 2 月 5 日
合计(大写)⊗ 陆佰元整	小写 600.00		

会计主管： 王波　　　　　　出纳： 李芸　　　　　　填制人： 林森

283

4589995788

广西增值税专用发票

发票联

No 19800764

281

代开

开票日期：2017 年 2 月 5 日

购货方	名　称：南宁市旭日食品公司 纳税人识别号：450100775685016 地址、电话：长湖路 69 号　0771 - 5588626 开户行及账号：工行南宁市长湖支行 21021050090022364 09					密码区	略		
货物或应税劳务、服务名称	规格型号	单位	数 量	单 价		金 额	税率	税 额	
运输服务费			1	582.52		582.52	3%	17.48	
合 计						¥582.52		¥17.48	
价税合计(大写)	⊗陆佰元整						(小写)¥600.00		
销货方	名　称：青秀区国税局办税服务厅自助代开发票终端 (代开机关) 纳税人识别号：45010000DK88587　　　　　　(代开机关) 地址、电话：南宁市青秀区金湖路 30 号　0771 - 8848321 开户行及账号：32017110000012345　　(完税凭证号)					备注	代开企业税号：450100768795029 代开企业名称：南宁绿水棉运输公司		

收款人：　　　　　复核：　　　　开票人：青秀006　　　销货方：(章票专用章)

284

南宁市光辉食品公司销售出货单

开单日期 2017 年 2 月 10 日　　　　　　　出货仓库　　　　　　　单号：NO.00032

<table>
<tr><td rowspan="2">购货单位</td><td>名　　称</td><td colspan="2">南宁市旭日食品公司</td><td>税务登记号</td><td colspan="2">450100775685016</td></tr>
<tr><td>地址、电话</td><td colspan="2">长湖路69号 5588626</td><td>开户行及账号</td><td colspan="2">工行南宁市长湖支行
2102105009002236409</td></tr>
<tr><td rowspan="2">品名规格</td><td rowspan="2">单位</td><td colspan="2">数量</td><td rowspan="2">单价</td><td rowspan="2">金额</td></tr>
<tr><td>订货数</td><td>实发数</td></tr>
<tr><td>丙材料</td><td>公斤</td><td>10,000</td><td>10,000</td><td>1.808</td><td>18,080.00</td></tr>
<tr><td></td><td></td><td></td><td></td><td></td><td></td></tr>
<tr><td>价税合计（大写）</td><td colspan="3">⊗壹万捌仟零捌拾元整</td><td>（小写）</td><td>￥18,080.00</td></tr>
</table>

销售经理：余南　　　审核：张新　　　　　开票：李凡　　　　　制单：刘新华

285

35-1

283

4500068765　　　　　　　广西增值税专用发票　　　　№ 01398709

发票联

开票日期：2017 年 2 月 10 日

<table>
<tr><td rowspan="4">购货方</td><td>名　　　称：南宁市旭日食品公司</td><td rowspan="4">密码区</td><td rowspan="4">略</td></tr>
<tr><td>纳税人识别号：450100775685016</td></tr>
<tr><td>地址、电话：长湖路69号　0771－5588626</td></tr>
<tr><td>开户行及账号：工行南宁市长湖支行 2102105009002236409</td></tr>
</table>

<table>
<tr><td>货物或应税劳务、服务名称</td><td>规格型号</td><td>单位</td><td>数量</td><td>单价</td><td>金额</td><td>税率</td><td>税额</td></tr>
<tr><td>丙材料（初级农产品）</td><td></td><td>公斤</td><td>10,000</td><td>1.60</td><td>16,000.00</td><td>13%</td><td>2080.00</td></tr>
<tr><td>合　计</td><td></td><td></td><td></td><td></td><td>￥16,000.00</td><td></td><td>￥2,080.00</td></tr>
<tr><td>价税合计（大写）</td><td colspan="4">⊗壹万捌仟零捌拾元整</td><td colspan="3">（小写）￥18,080.00</td></tr>
</table>

<table>
<tr><td rowspan="4">销货方</td><td>名　　　称：南宁市光辉食品公司</td><td rowspan="4">备注</td></tr>
<tr><td>纳税人识别号：450100776567888</td></tr>
<tr><td>地址、电话：南宁市青环路63号　0771－8866075</td></tr>
<tr><td>开户行及账号：农行南宁市青环支行 4556676745466770078</td></tr>
</table>

南宁市光辉食品公司
44501007765678
发票专用章

收款人：　　　　　　复核：李勇　　　开票人：李勇　　　　销货方：（章）

286

35-2

税总函【2016】116号广州东港安全印制有限公司

第二联：发票联　购货方记账凭证

南宁市旭日食品公司采购收货单

收货日期：2017 年 2 月 10 日　　　　　　　　　　　　　　单号：NO.00008

供货单位	南宁市光辉食品公司				
品名规格	单位	数量	单价	金额
丙材料	公斤	10,000	1.60	16,000.00
合　　计				￥16,000.00

仓管员：刘东

287

费 用 报 销 单

报销部门：物资部　　　　　　　填报日期：2017 年 2 月 10 日

报 销 事 由	金 额	单位领导	同意 李明 2017 年 2 月 10 日
丙材料运费	600.00		
现金付讫			
		部门领导	同意 郑向阳 2017 年 2 月 10 日
合计(大写)⊗陆佰元整	小写 600.00		

会计主管：　王波　　　　　　出纳：　李芸　　　　　填制人：　林森

288

4589995788

广西增值税专用发票

发票联

代开

开票日期：2017 年 2 月 5 日

购货方	名　称：	南宁市旭日食品公司					密码区	略		
	纳税人识别号：	450100775685016								
	地址、电话：	长湖路 69 号　0771－5588626								
	开户行及账号：	工行南宁市长湖支行 21021050090022 36409								

货物或应税劳务、服务名称	规格型号	单位	数　量	单　价	金　额	税率	税　额
运输服务费			1	582.52	582.52	3%	17.48
合　计					￥582.52		￥17.48

价税合计（大写）	⊗ 陆佰元整	（小写）￥600.00

销货方	名　　称：	青秀区国税局办税服务厅自助代开发票终端（代开机关）	代开企业税号：	450100768795029
	纳税人识别号：	45010000DK88587　（代开机关）	代开企业名称：	
	地址、电话：	南宁市青秀区金湖路 30 号 0771－8848321	备注	
	开户行及账号：	32017110000012345　（完税凭证号）		

收款人：　　　　　　复核：　　　　　开票人：青秀006　　销货方：（发票专用章）

289

2 月 份 业 务

税总函【2016】116号广州东港安全印制有限公司

第二联：发票联　购货方记账凭证

南宁市利达公司销售出货单

开单日期 2017 年 2 月 17 日　　　　　出货仓库　　　　　单号：NO.00025

购货单位	名　称	南宁市旭日食品公司	税务登记号	450100775685016
	地址、电话	长湖路 69 号 5588626	开户行及账号	工行南宁市长湖支行 21021050090022236409

品名规格	单位	数量		单价	金额
		订货数	实发数		
甲材料	公斤	1000	1000	30.00	30,000.00

价税合计（大写）	⊗叁万元整	（小写）￥30,000.00

销售经理：张伟　　　审核：张华　　　　　开票：李丹　　　　　制单：黄鑫

290

第二联：客户联

36-1

广西增值税普通发票

发票联

开票日期: 2017 年 2 月 17 日

购货方	名　　称: 南宁市旭日食品公司 纳税人识别号: 450100775685016 地址、电话: 长湖路69号　0771-5588626 开户行及账号: 工行南宁市长湖支行 2102105009002236409					密码区	略		
货物或应税劳务、服务名称	规格型号	单位	数 量	单 价	金额		税率	税 额	
甲材料		公斤	1000	29.12620	29,126.20		3%	873.80	
合　　计					¥29,126.20			¥873.80	
价税合计(大写)	⊗叁万元整					(小写)¥30,000.00			
销货方	名　　称: 南宁市利达公司 纳税人识别号: 450100776585690 地址、电话: 南宁市长岗路69号　0771-5986895 开户行及账号: 农行南宁市青环支行 20011101040008886					备注			

收款人:　　　　　复核: 张小利　　开票人: 张小利　　销货方: (章)

36-2

南宁市旭日食品公司采购收货单

收货日期: 2017 年 2 月 17 日　　　　　　　　　　　　单号: NO.00009

供货单位	南宁市利达公司				
品名规格	单位	数量	单价	金额	
甲材料	公斤	1000	30.00	30,000.00	
合　　　计				¥30,000.00	

仓管员: 刘东

36-3

费用报销单

报销部门：物资部　　　　　　　填报日期：2017 年 2 月 17 日

报 销 事 由	金 额		
甲材料运费	100.00	单位领导	同意 李明 2017 年 2 月 17 日
现金付讫			
		部门领导	同意 郑向阳 2017 年 2 月 17 日
合计（大写）⊗ 壹佰元整	小写 100.00		

会计主管：王波　　　　　　　出纳：李芸　　　　　　填制人：林森

293　　　　　　　　　　　　　　　　　　　　　　　　　　　　36-4

4589995788

广西增值税普通发票

（⊗ 广 西 ⊗ 国家税务局监制）

发票联

No 19800799

291

开票日期：2017 年 2 月 15 日

购货方	名　　称：南宁市旭日食品公司 纳税人识别号：450100775685016 地址、电话：长湖路69号　0771－5588626 开户行及账号：工行南宁市长湖支行21021050090022236409	密码区	略

货物或应税劳务、服务名称	规格型号	单位	数 量	单 价	金 额	税率	税 额
运输服务费			1	97.09	97.09	3%	2.91
合 计					￥97.09		￥2.91

价税合计（大写）　⊗ 壹佰元整	（小写）￥100.00

销货方	名　　称：南宁红木棉运输公司 纳税人识别号：450100768795029 地址、电话：南宁市华强路20号　0771－3920978 开户行及账号：建行南宁市华强路支行450000200509987456	备注	南宁红木棉运输公司 450100768795029 发票专用章

收款人：　　　　　复核：陈红　　　开票人：陈红　　　销货方：（章）

294　　　　　　　　　　　　　　　　　　　　　　　　　　　　36-5

南宁市利达公司销售出货单

开单日期 2017 年 2 月 19 日   出货仓库   单号：NO. 00030

购货单位	名　称	南宁市旭日食品公司	税务登记号	450100775685016
	地址、电话	长湖路69号 5588626	开户行及账号	工行南宁市长湖支行 21021050090022236409

品名规格	单位	数量		单价	金额
		订货数	实发数		
甲材料	公斤	1000	1000	30.00	30,000.00

价税合计（大写）⊗叁万元整   （小写）￥30,000.00

销售经理：张伟   审核：张华   开票：李梅   制单：黄鑫

295   37-1

4500089678   **广西增值税专用发票**   № 01309823

293

发票联

代开   开票日期：2017 年 2 月 19 日

税总函【2016】116号广州东港安全印刷有限公司

购货方	名　称：南宁市旭日食品公司 纳税人识别号：450100775685016 地址、电话：长湖路69号 0771-5588626 开户行及账号：工行南宁市长湖支行 21021050090022236409	密码区	略

货物或应税劳务、服务名称	规格型号	单位	数量	单价	金额	税率	税额
甲材料		公斤	1000	29.12621	29,126.21	3%	873.79
合　计					￥29,126.21		￥873.79

价税合计（大写）⊗叁万元整   （小写）￥30,000.00

销货方	名　称：青秀区国税局办税服务厅自助代开发票终端（代开机关） 纳税人识别号：45010000DK88587 （代开机关） 地址、电话：南宁市青秀区金湖路30号 0771-8848321 开户行及账号：32017110000012345 （完税凭证号）	备注	代开企业税号：450100776585690 代开企业名称：南宁利达公司

收款人：   复核：   开票人：青秀006   销货方：（章票专用章）

450100776585690

296   37-2

南宁市旭日食品公司采购收货单

收货日期：2017 年 2 月 19 日　　　　　　　　　　　　　单号：NO.00010

供货单位	南宁市利达公司				
品名规格	单位	数量	单价	金额	
甲材料	公斤	1000	29.12621	29,126.21	
合　　计				￥29,126.21	

仓管员：刘东

第二联：财会联

2 月 份 业 务

费 用 报 销 单

报销部门：物资部　　　　　　　　填报日期：2017 年 2 月 19 日

报 销 事 由	金 额	单位领导	同意 李明 2017 年 2 月 19 日
甲材料运费	100.00		
现金付讫			
		部门领导	同意 郑向阳 2017 年 2 月 19 日
合计（大写）⊗ 壹佰元整	小写 100.00		

会计主管：王波　　　　　　出纳：李芸　　　　　　填制人：林森

广西增值税专用发票

No 19801212

代开

开票日期: 2017 年 2 月 15 日

购货方	名　　称:	南宁市旭日食品公司				密码区	略		
	纳税人识别号:	450100775685016							
	地址、电话:	长湖路69号 0771－5588626							
	开户行及账号:	工行南宁市长湖支行 2102105009002236409							

货物或应税劳务、服务名称	规格型号	单位	数量	单　价	金额	税率	税　额
运输服务费			1	97.09	97.09	3%	2.91
合　计					￥97.09		￥2.91

价税合计(大写)	⊗壹佰元整	(小写)￥100.00

销货方	名　　称:	青秀区国税局办税服务厅自助代开发票终端 (代开机关)	备注	代开企业税号: 450100776585690
	纳税人识别号:	45010000DK88587 (代开机关)		代开企业名称:
	地址、电话:	南宁市青秀区金湖路30号 0771－8848321		南宁泉宋大棉运输公司
	开户行及账号:	32017110000012345 (完税凭证号)		450100776585690

收款人:　　　　　复核:　　　　　开票人: 青秀006　　　　销货方: (章票专用章)

299

37-5

297

北海天安公司销售出货单

开单日期2017 年 2 月 24 日　　　　　出货仓库　　　　　单号: NO. 00041

购货单位	名　　称	南宁市旭日食品公司	税务登记号	450100775685016
	地址、电话	长湖路69号 5588626	开户行及账号	工行南宁市长湖支行 2102105009002236409

品名规格	单位	数量		单价	金额
		订货数	实发数		
甲材料	公斤	1000	1000	32.76	32760.00

价税合计(大写)	⊗叁万贰仟柒佰陆拾元整	(小写)	￥32,760.00

销售经理: 刘明　　　审核: 张林　　　　开票: 李明　　　　制单: 王江

300

38-1

4500096452 　　　　　　广西增值税普通发票　　　　No 19501345

发票联

开票日期：2017 年 2 月 24 日

购货方	名　　　称：	南宁市旭日食品公司					密码区	略	
	纳税人识别号：	450100775685016							
	地址、电话：	长湖路69号　0771-5588626							
	开户行及账号：	工行南宁市长湖支行 21021050009002236409							

货物或应税劳务、服务名称	规格型号	单位	数量	单价	金额	税率	税额
甲材料		公斤	1000	28.00	28,000.00	17%	4,760.00
合　　计					￥28,000.00		￥4,760.00

价税合计（大写）	⊗ 叁万贰仟柒佰陆拾元整	（小写）￥32,760.00

销货方	名　　　称：	北海天安公司	备注	北海天安公司 450100776587886 发票专用章
	纳税人识别号：	450100776587886		
	地址、电话：	北海市青山东路63号　0779-8866075		
	开户行及账号：	工行北海市城南支行 4556676745466760078		

收款人：　　　　　复核：张林　　开票人：张林　　　　销货方：（章）
301　　　　　　　　　　　　　　　　　　　　　　　　　　　38-2

税总函【2016】116号广州东港安全印刷有限公司

第二联：发票联　购货方记账凭证

2 月 份 业 务

299

南宁市旭日食品公司采购收货单

收货日期：2017 年 2 月 25 日　　　　　　　　　　单号：NO.00011

供货单位	北海天安公司				
品名规格	单位	数量	单价	金额
甲材料	公斤	1000	32.76	32,760.00
合　　　计				￥32,760.00

仓管员：刘东
302　　　　　　　　　　　　　　　　　　　　　　　　38-3

第二联：财会联

北海宇峰公司销售出货单

开单日期 2017 年 2 月 24 日　　　　　　　　　　出货仓库　　　　　单号：NO. 00101

购货单位	名　　称	南宁市旭日食品公司		税务登记号	450100775685016	
	地址、电话	长湖路 69 号　5588626		开户行及账号	工行南宁市长湖支行 21021050090022236409	

品名规格	单位	数量		单价	金额
		订货数	实发数		
丙材料	公斤	5000	5000	1.469	7,345.00

价税合计（大写）	⊗柒仟叁佰肆拾伍元整	（小写）¥7,345.00

销售经理：刘明　　　审核：张林　　　　　开票：李明　　　　制单：王江

303　　　　　　　　　　　　　　　　　　　　　　　　　　　　38-4

4500078945　　　　　# 广西增值税专用发票　　　No̱ 01398456

广 西
国税专用监制

发票联

301

开票日期：2017 年 2 月 24 日

购货方	名　　称：南宁市旭日食品公司 纳税人识别号：450100775685016 地址、电话：长湖路 69 号　0771 - 5588626 开户行及账号：工行南宁市长湖支行 21021050090022236409				密码区	略	
货物或应税劳务、服务名称	规格型号	单位	数　量	单价	金额	税率	税　额
丙材料（初级农产品）		公斤	5000	1.30	6,500.00	13%	845.00
合　计					¥6,500.00		¥845.00
价税合计（大写）	⊗柒仟叁佰肆拾伍元整				（小写）¥7,345.00		

销货方	名　　称：北海宇峰公司 纳税人识别号：450100778765496 地址、电话：北海市青山东路 1 号　0779 - 8867654 开户行及账号：工行北海市城南支行 4556676745466770078		备注	

收款人：　　　复核：张林　　　开票人：张林　　　销货方：（章）

北海宇峰公司
450100778765496
发票专用章

304　　　　　　　　　　　　　　　　　　　　　　　　　　　　38-5

南宁市旭日食品公司采购收货单

收货日期: 2017 年 2 月 25 日　　　　　　　　　　　　　单号: NO.00012

供货单位	北海宇峰公司				
品名规格	单位	数量	单价	金额	
丙材料	公斤	5000	1.3	6,500.00	
合　　计				￥6,500.00	

仓管员: 刘东

305　　　　　　　　　　　　　　　　　　　　　　　　　38-6

第二联: 财会联

2 月份业务

303

用 款 申 请 书

2017 年 2 月 25 日

申请部门	物资部	用　途	付甲材料、丙材料运费
经办人	林森		
结算方式	转账	金　额	2,500.00
对方单位名称	南宁顺利物流公司	开户银行	建行南宁市安吉路支行
		账　号	4500002005 09584009

领导批示: 同意	会计主管人员意见: 同意	部门领导意见: 同意
李明	王波	郑向阳
2017 年 2 月 25 日	2017 年 2 月 25 日	2017 年 2 月 25 日

306　　　　　　　　　　　　　　　　　　　　　　　　　38-7

中国工商银行 (桂)
转账支票存根

$\frac{B}{0}$ $\frac{X}{2}$ 00631884

附加信息 _____

_____

_____

_____

出票日期 2017 年 2 月 25 日

| 收款人：南宁顺利物流公司 |
| 金　额：2,500.00 |
| 用　途：运费 |

单位主管　　　　　会计

307　　　　　　　　　　38-8

2 月 份 业 务

中国工商银行进账单(回单)

2017 年 2 月 25 日

出票人	全　称	南宁市旭日食品公司	收款人	全　称	南宁顺利物流公司									
	账　号	21021050090022236409		账　号	450000200509584009									
	开户银行	工行南宁市长湖支行		开户银行	建行南宁市安吉路支行									
金额	人民币(大写)	⊗贰仟伍佰元整			亿	千	百	十	万	千	百	十	元	角	分
									¥	2	5	0	0	0	0
	汇出行签章	中国工商银行 南宁市长湖支行 2017年2月25日 业务清讫		支付密码 附加信息及用途	运费									

308　　　　　　　　　　　　　　　　　　　　　　38-9

此联是出票人开户银行交给出票人的回单

广西增值税专用发票

No 19800722

发票联

开票日期: 2017 年 2 月 25 日

购货方	名　　　称: 南宁市旭日食品公司						密码区	略		
	纳税人识别号: 450100775685016									
	地　址、电话: 长湖路69号　0771-5588626									
	开户行及账号: 工行南宁市长湖支行 2102105009002236409									

货物或应税劳务、服务名称	规格型号	单位	数量	单价	金额	税率	税额
运输服务费			1	1801.80	1801.80	11%	198.20
搬运费			1	471.70	471.70	6%	28.30
合　计					￥2,273.50		￥226.50

价税合计(大写)	⊗贰仟伍佰元整	(小写)￥2,500.00

销货方	名　　　称: 南宁顺利物流公司	备注	北海-南宁 桂AW7896 2017年2月25日 450111771055751 发票专用章
	纳税人识别号: 450111771055751		
	地　址、电话: 南宁市安吉路35号　0771-3925543		
	开户行及账号: 建行南宁市安吉路支行 450000200509584009		

收款人：　　　　复核：陈柳云　　开票人：陈柳云　　　销货方：(章)

309

38-10

307

灵山县海利养殖场销售出货单

开单日期2017 年 2 月 26 日　　　　出货仓库　　　　单号：NO.00088

购货单位	名　称	南宁市旭日食品公司	税务登记号	450100775685016
	地址、电话	长湖路69号 5588626	开户行及账号	工行南宁市长湖支行 2102105009002236409

品名规格	单位	数量		单价	金额
		订货数	实发数		
乙材料	公斤	1000	1000	18.00	18,000.00

价税合计(大写)	⊗壹万捌仟元整	(小写)	￥18,000.00

销售经理:刘进　　审核:张民　　　　开票:余婕　　　　制单:王林

310

39-1

4500987345

发票联

No 013006734

开票日期：2017 年 2 月 25 日

购货方	名　　　称：南宁市旭日食品公司 纳税人识别号：450100775685016 地址、电话：长湖路69号　0771-5588626 开户行及账号：工行南宁市长湖支行2102105009002236409				密码区	略		
货物或应税劳务、服务名称	规格型号	单位	数　量	单　价	金　额	税率	税　额	
乙材料（初级农产品）		公斤	1000	18.00	18,000.00	0	0	
合　计					￥18,000.00		￥0	
价税合计（大写）	⊗壹万捌仟元整				（小写）￥18,000.00			
销货方	名　　　称：灵山县海利养殖场 纳税人识别号：450100795769096 地址、电话：灵山县民族路52号　0777-4691655 开户行及账号：农行灵山县城南支行45001200307856897986				备注	灵山县海利养殖场 450100795769096 发票专用章		

收款人：　　　　　　　复核：于婕　　　开票人：于婕　　　　销货方：（章）

311

39-2

309

南宁市旭日食品公司采购收货单

收货日期：2017 年 2 月 27 日　　　　　　　　　　　　　　　单号：NO.00013

供货单位	灵山县海利养殖场			
品名规格	单位	数量	单价	金额
乙材料	公斤	1000	15.66	15,660.00
合　　计				￥15,660.00

仓管员：刘东

312

39-3

第二联：发票联　购货方记账凭证

2 月 份 业 务

第二联：财会联

税总函【2016】116号广州东港安全印制有限公司

灵山新丰食品公司销售出货单

开单日期2017 年 2 月 26 日   出货仓库   单号：NO.000126

<table>
<tr><td rowspan="2">购货单位</td><td>名　称</td><td colspan="2">南宁市旭日食品公司</td><td>税务登记号</td><td colspan="2">450100775685016</td></tr>
<tr><td>地址、电话</td><td colspan="2">长湖路69 号 5588626</td><td>开户行及账号</td><td colspan="2">工行南宁市长湖支行
21021050090002236409</td></tr>
<tr><td rowspan="2">品名规格</td><td rowspan="2">单位</td><td colspan="2">数量</td><td rowspan="2">单价</td><td rowspan="2" colspan="2">金额</td></tr>
<tr><td>订货数</td><td>实发数</td></tr>
<tr><td>甲材料</td><td>公斤</td><td>1000</td><td>1000</td><td>28.00</td><td colspan="2">28,000.00</td></tr>
<tr><td></td><td></td><td></td><td></td><td></td><td colspan="2"></td></tr>
<tr><td>价税合计(大写)</td><td colspan="4">⊗贰万捌仟元整</td><td>(小写)</td><td>¥28,000.00</td></tr>
</table>

销售经理：李星   审核：刘林   开票：张欣   制单：刘如江

313   39-4

311

4500008945   广西增值税普通发票   No 013005673
                              发票联

开票日期：2017 年 2 月 26 日

<table>
<tr><td rowspan="4">购货方</td><td>名　　　称：南宁市旭日食品公司</td><td rowspan="4">密码区</td><td rowspan="4">略</td></tr>
<tr><td>纳税人识别号：450100775685016</td></tr>
<tr><td>地址、电话：长湖路69 号 0771 - 5588626</td></tr>
<tr><td>开户行及账号：工行南宁市长湖支行 21021050090002236409</td></tr>
</table>

<table>
<tr><td>货物或应税劳务、服务名称</td><td>规格型号</td><td>单位</td><td>数 量</td><td>单价</td><td>金额</td><td>税率</td><td>税 额</td></tr>
<tr><td>甲材料</td><td></td><td>公斤</td><td>1000</td><td>27.18</td><td>27180.00</td><td>3%</td><td>820.00</td></tr>
<tr><td>合 计</td><td></td><td></td><td></td><td></td><td>¥27,180.00</td><td></td><td>¥820.00</td></tr>
<tr><td>价税合计(大写)</td><td colspan="4">⊗贰万捌仟元整</td><td colspan="3">(小写)¥28,000.00</td></tr>
</table>

<table>
<tr><td rowspan="4">销货方</td><td>名　　　称：灵山新丰食品公司</td><td rowspan="4">备注</td></tr>
<tr><td>纳税人识别号：450100776543670</td></tr>
<tr><td>地址、电话：灵山县朝阳路22 号 0777 - 8315236</td></tr>
<tr><td>开户行及账号：农行灵山县朝阳支行 4569990899904658</td></tr>
</table>

灵山新丰食品公司
450100776543670 70
发票专用章

收款人：   复核：林玲   开票人：林玲   销货方：(章)

314   39-5

第二联：客户联   2 月 份 业 务

第二联：发票联 购货方记账凭证

南宁市旭日食品公司采购收货单

收货日期：2017 年 2 月 27 日　　　　　　　　　　　　　　　　　单号：NO.00014

供货单位	灵山新丰食品公司				
品名规格	单位	数量	单价	金额	
甲材料	公斤	1000	28.00	28,000.00	
合　　　计				￥28,000.00	

仓管员：刘东

用 款 申 请 书

2017 年 2 月 27 日

申请部门	物资部	用　途	付甲材料、乙材料运费
经办人	林森		
结算方式	转账	金　额	1,200.00
对方单位名称	南宁顺利物流公司	开户银行	建行南宁市安吉路支行
		账　号	450000200509584009
领导批示：同意　李明　2017 年 2 月 27 日		会计主管人员意见：同意　王波　2017 年 2 月 27 日	部门领导意见：同意　郑向阳　2017 年 2 月 27 日

企业真账演练——工业企业

4589990945

No 19800788

发票联

开票日期: 2017 年 2 月 27 日

购货方	名 称: 南宁市旭日食品公司 纳税人识别号: 450100775685016 地 址、电话: 长湖路 69 号 0771 - 5588626 开户行及账号: 工行南宁市长湖支行 21021050090022364O9					密码区	略	
货物或应税劳务、服务名称	规格型号	单位	数 量	单 价	金 额	税率	税 额	
运输服务费 搬运费			1 1	900.90 188.68	900.90 188.68	11% 6%	99.10 11.32	
合 计					¥1,089.58		¥110.42	
价税合计 (大写)	⊗ 壹仟贰佰元整				(小写) ¥1,200.00			
销货方	名 称: 南宁顺利物流公司 纳税人识别号: 450111771055751 地 址、电话: 南宁市安吉路 35 号 0771 - 3925543 开户行及账号: 建行南宁市安吉路支行 450000200509584009					备注	灵山-南宁 桂AZ6897 2017年2月27日	

收款人: 复核: 陈柳云   开票人: 陈柳云   销货方: (章)

317

39-8

第二联·发票联 购货方记账凭证

2 月 份 业 务

315

中国工商银行 (桂)
转账支票存根

B/0 X/2   00631884

附加信息
_____
_____
_____

出票日期 2017 年 2 月 27 日

收款人:	南宁顺利物流公司
金 额:	1,200.00
用 途:	运费

单位主管   会计

318

39-9

中国工商银行进账单(回单)

2017 年 2 月 27 日

<table>
<tr><td rowspan="3">出票人</td><td>全　称</td><td>南宁市旭日食品公司</td><td rowspan="3">收款人</td><td>全　称</td><td colspan="13">南宁顺利物流公司</td></tr>
<tr><td>账　号</td><td>2102105009002236409</td><td>账　号</td><td colspan="13">450000200509584009</td></tr>
<tr><td>开户银行</td><td>工行南宁市长湖支行</td><td>开户银行</td><td colspan="13">建行南宁市安吉路支行</td></tr>
<tr><td>金额</td><td>人民币
(大写)</td><td>⊗壹仟贰佰元整</td><td colspan="2"></td><td>亿</td><td>千</td><td>百</td><td>十</td><td>万</td><td>千</td><td>百</td><td>十</td><td>元</td><td>角</td><td>分</td></tr>
<tr><td></td><td colspan="2">中国工商银行
南宁市长湖支行
2017年2月27日</td><td colspan="2"></td><td colspan="2"></td><td colspan="3">¥</td><td>1</td><td>2</td><td>0</td><td>0</td><td>0</td><td>0</td></tr>
<tr><td></td><td>汇出行签章</td><td>业务清讫</td><td colspan="2">支付密码
附加信息及用途</td><td colspan="11">运费</td></tr>
</table>

319

39-10

南宁市利达公司销售出货单

317

开单日期 2017 年 2 月 28 日　　　　　出货仓库　　　单号：NO.00058

<table>
<tr><td rowspan="2">购货单位</td><td>名　称</td><td colspan="3">南宁市旭日食品公司</td><td>税务登记号</td><td>450100775685016</td></tr>
<tr><td>地址、电话</td><td colspan="3">长湖路69号 5588626</td><td>开户行及账号</td><td>工行南宁市长湖支行
2102105009002236409</td></tr>
<tr><td rowspan="2">品名规格</td><td rowspan="2">单位</td><td colspan="2">数量</td><td rowspan="2">单价</td><td rowspan="2">金额</td></tr>
<tr><td>订货数</td><td>实发数</td></tr>
<tr><td>甲材料</td><td>公斤</td><td>500</td><td>500</td><td>30.00</td><td>15,000.00</td></tr>
<tr><td>丙材料</td><td>公斤</td><td>500</td><td>500</td><td>2.00</td><td>1,000.00</td></tr>
<tr><td>价税合计(大写)</td><td colspan="4">⊗壹万陆仟元整</td><td>(小写)</td><td>¥16,000.00</td></tr>
</table>

销售经理：张伟　　　审核：张华　　　　　开票：李丹　　　　制单：黄鑫

320

40-1

广西增值税普通发票

发票联

税总函【2016】116号广州东港安全印刷有限公司

开票日期：2017 年 2 月 28 日

| 购货方 | 名　　称：南宁市旭日食品公司
纳税人识别号：450100775685016
地址、电话：长湖路69号　0771－5588626
开户行及账号：工行南宁市长湖支行 2102105009002236409 | | | | | 密码区 | | 略 | |

货物或应税劳务、服务名称	规格型号	单位	数量	单价	金额	税率	税 额
甲材料		公斤	500	29.12620	14,563.10	3%	436.90
合　计					￥14,563.10		￥436.90

| 价税合计(大写) | ⊗壹万伍仟元整 | (小写)￥15,000.00 |

| 销货方 | 名　　称：南宁市利达公司
纳税人识别号：450100776585690
地址、电话：南宁市长岗路69号　0771－5986895
开户行及账号：农行南宁市青环支行 20011101040008886 | 备注 | 南宁市利达公司
450100776585690
发票专用章 |

收款人：　　　　复核：张小利　　开票人：张小利　　　销货方：(章)

　　　　　　　　　　　　　　　　　　　　　　　　　　　40-2

第二联：发票联　购货方记账凭证

2 月 份 业 务

广西增值税普通发票

发票联

319

税总函【2016】116号广州东港安全印刷有限公司

开票日期：2017 年 2 月 28 日

| 购货方 | 名　　称：南宁市旭日食品公司
纳税人识别号：450100775685016
地址、电话：长湖路69号　0771－5588626
开户行及账号：工行南宁市长湖支行 2102105009002236409 | | | | | 密码区 | | 略 | |

货物或应税劳务、服务名称	规格型号	单位	数 量	单价	金额	税率	税 额
丙材料(初级农产品)		公斤	500	1.94174	970.87	3%	29.13
合　计					￥970.87		￥29.13

| 价税合计(大写) | ⊗壹仟元整 | (小写)￥1,000.00 |

| 销货方 | 名　　称：南宁市利达公司
纳税人识别号：450100776585690
地址、电话：南宁市长岗路69号　0771－5986895
开户行及账号：农行南宁市青环支行 20011101040008886 | 备注 | 南宁市利达公司
450100776585690
发票专用章 |

收款人：　　　　复核：张小利　　开票人：张小利　　　销货方：(章)

　　　　　　　　　　　　　　　　　　　　　　　　　　　40-3

第二联：发票联　购货方记账凭证

南宁市旭日食品公司采购收货单

收货日期：2017 年 2 月 28 日　　　　　　　　　　　　　单号：NO.00015

供货单位	南宁市利达公司				
品名规格	单位	数量	单价	金额	
甲材料	公斤	500	29.1262	14563.10	
丙材料	公斤	500	1.94174	970.87	
合　　　计				￥15,533.97	

仓管员：刘东

323　　　　　　　　　　　　　　　　　　　　　　　　　40-4

费 用 报 销 单

报销部门：物资部　　　　　　填报日期：2017 年 2 月 28 日

报 销 事 由	金 额	单位领导	同意 李明 2017 年 2 月 28 日
甲材料、丙材料运费	100.00		
现金付讫			
		部门领导	同意 郑向阳 2017 年 2 月 28 日
合计(大写)⊗ 壹佰元整	小写 100.00		

会计主管：王波　　　　　出纳：李芸　　　　　填制人：林森

324　　　　　　　　　　　　　　　　　　　　　　　　　40-5

4589995788　　　　　　　广西增值税普通发票　　　　№ 19800812

发票联

开票日期：2017 年 2 月 11 日

<table>
<tr><td rowspan="4">购货方</td><td>名　　　称：</td><td colspan="5">南宁市旭日食品公司</td><td rowspan="4">密码区</td><td colspan="3" rowspan="4">略</td></tr>
<tr><td>纳税人识别号：</td><td colspan="5">450100775685016</td></tr>
<tr><td>地址、电话：</td><td colspan="5">长湖路 69 号　0771-5588626</td></tr>
<tr><td>开户行及账号：</td><td colspan="5">工行南宁市长湖支行 21021050090022364409</td></tr>
<tr><td colspan="2">货物或应税劳务、服务名称</td><td>规格型号</td><td>单位</td><td>数量</td><td>单　价</td><td>金额</td><td>税率</td><td>税　额</td></tr>
<tr><td colspan="2">运输服务费</td><td></td><td></td><td>1</td><td>97.09</td><td>97.09</td><td>3%</td><td>2.91</td></tr>
<tr><td colspan="2">合　计</td><td></td><td></td><td></td><td></td><td>￥97.09</td><td></td><td>￥2.91</td></tr>
<tr><td colspan="2">价税合计（大写）</td><td colspan="5">⊗壹佰元整</td><td colspan="3">（小写）￥100.00</td></tr>
<tr><td rowspan="4">销货方</td><td>名　　　称：</td><td colspan="5">南宁红木棉运输公司</td><td rowspan="4">备注</td><td colspan="3" rowspan="4">南宁红木棉运输公司
450100768795029
发票专用章</td></tr>
<tr><td>纳税人识别号：</td><td colspan="5">450100768795029</td></tr>
<tr><td>地址、电话：</td><td colspan="5">南宁市华强路 20 号　0771-3920978</td></tr>
<tr><td>开户行及账号：</td><td colspan="5">建行南宁市华强路支行 450000200509987456</td></tr>
</table>

收款人：　　　　　　复核：陈红　　　开票人：陈红　　　销货方：（章）

325　　　　　　　　　　　　　　　　　　　　　　　　　　　　40-6

第二联：发票联　购货方记账凭证

323

南宁市利达公司销售出货单

开单日期 2017 年 2 月 28 日　　　　　出货仓库　　　　单号：NO. 00065

<table>
<tr><td rowspan="2">购货单位</td><td>名　　　称</td><td colspan="2">南宁市旭日食品公司</td><td>税务登记号</td><td colspan="2">450100775685016</td></tr>
<tr><td>地址、电话</td><td colspan="2">长湖路 69 号 5588626</td><td>开户行及账号</td><td colspan="2">工行南宁市长湖支行
21021050090022364409</td></tr>
<tr><td rowspan="2">品名规格</td><td rowspan="2">单位</td><td colspan="2">数量</td><td rowspan="2">单价</td><td rowspan="2">金额</td></tr>
<tr><td>订货数</td><td>实发数</td></tr>
<tr><td>丙材料</td><td>公斤</td><td>5000</td><td>5000</td><td>1.80</td><td>9,000.00</td></tr>
<tr><td></td><td></td><td></td><td></td><td></td><td></td></tr>
<tr><td>价税合计（大写）</td><td colspan="3">⊗玖仟元整</td><td>（小写）</td><td>￥9,000.00</td></tr>
</table>

销售经理：张伟　　　审核：张华　　　　　开票：李梅　　　　　制单：黄鑫

326　　　　　　　　　　　　　　　　　　　　　　　　　　　　41-1

第二联：客户联

企业真账演练——工业企业

广西增值税普通发票

发票联

开票日期：2017 年 2 月 28 日

| 购货方 | 名　称：南宁市旭日食品公司
纳税人识别号：450100775685016
地址、电话：长湖路69号　0771－5588626
开户行及账号：工行南宁市长湖支行 21021050090022364O9 | | | | | 密码区 | | 略 | |

货物或应税劳务、服务名称	规格型号	单位	数　量	单　价	金　额	税率	税　额
丙材料（初级农产品）		公斤	5000	1.74757	8737.86	3%	262.14
合　计					￥8,737.86		￥262.14

| 价税合计（大写） | ⊗玖仟元整 | （小写）￥9,000.00 |

| 销货方 | 名　称：南宁市利达公司
纳税人识别号：450100776585690
地址、电话：南宁市长岗路69号　0771－5986895
开户行及账号：农行南宁市青环支行 20011101040008886 | 备注 | 南宁市利达公司
450100776585690
发票专用章 |

收款人：　　　　　　复核：张小利　　开票人：张小利　　销货方：（章）

327

41-2

南宁市旭日食品公司采购收货单

收货日期：2017 年 2 月 28 日　　　　　　　　　　单号：NO.00016

供货单位	南宁市利达公司			
品名规格	单位	数量	单价	金额
丙材料	公斤	5000	1.57	8,737.86
合　　　计				￥8,737.86

仓管员：刘东

41-3

费 用 报 销 单

报销部门：物资部   填报日期：2017 年 2 月 28 日

报销事由	金额	单位领导	同意 李明 2017 年 2 月 28 日
丙材料装卸费	200.00		
现金付讫			
		部门领导	同意 郑向阳 2017 年 2 月 28 日
合计(大写)⊗ 贰佰元整	小写 200.00		

会计主管： 王波   出纳： 李芸   填制人： 林森

329   41-4

2 月 份 业 务

4589995978   **广西增值税普通发票**   No 8015687   327

发票联

开票日期：2017 年 2 月 28 日

税总函【2016】116号广州东港安全印制有限公司

购货方	名 称：南宁市旭日食品公司 纳税人识别号：450100775685016 地址、电话：长湖路69号 0771-5588626 开户行及账号：工行南宁市长湖支行 21021050090022236409				密码区			略

货物或应税劳务、服务名称	规格型号	单位	数 量	单 价	金 额	税率	税 额
装卸费			1	194.17	194.17	3%	5.83
合 计					￥194.17		￥5.83
价税合计(大写)	⊗ 贰佰元整				(小写)￥200.00		

销货方	名 称：南宁市现代运输有限公司 纳税人识别号：456226956856666 地址、电话：南宁市朝阳路12号 0771-8316456 开户行及账号：农行南宁市朝阳支行 45010123451234578	备注

第二联：发票联 购货方记账凭证

收款人：   复核：林美红   开票人：林美红   销货方：(章)

330   41-5

4500087432

No 01308645

发票联

开票日期: 2017 年 2 月 28 日

税总函【2016】116号广州东港安全印制有限公司

购货方	名　　　　称:	南宁市旭日食品公司					密码区	略		
	纳税人识别号:	450100775685016								
	地址、电话:	长湖路69号　0771-5588626								
	开户行及账号:	工行南宁市长湖支行 21021050090022364409								
货物或应税劳务、服务名称	规格型号	单位	数量	单　价	金额	税率	税　额
甲材料		公斤	1000	30.00	30,000.00	17%	5,100.00
合　计					¥30,000.00		¥5,100.00
价税合计(大写)	⊗叁万伍仟壹佰元整				(小写)¥35,100.00		

销货方	名　　　　称:	南宁市佳达公司	备注	
	纳税人识别号:	450100775478078		
	地址、电话:	南宁市江南路63号　0771-4515865		
	开户行及账号:	工行南宁市江南支行 21021045029456011789		

收款人:　　　　　　复核: 李红　　　开票人: 李红　　　　销货方: (章)

331

第二联: 发票联　购货方记账凭证

2 月 份 业 务

南宁市佳达公司
450100775478078
发票专用章

42

329

南宁市阳光包装公司销售出货单

开单日期 2017 年 2 月 1 日　　　　　　出货仓库　　　单号: NO. 00001

购货单位	名　称	南宁市旭日食品公司	税务登记号	450100775685016
	地址、电话	长湖路69号 5588626	开户行及账号	工行南宁市长湖支行 21021050090022364409

品名规格	单位	数量		单价	金额
		订货数	实发数		
包装袋	个	5000	5000	0.20	1,000.00
包装瓶	个	30,000	30,000	1.00	30,000.00
价税合计(大写)	⊗叁万壹仟元整			(小写)	¥31,000.00

销售经理: 张伟　　　审核: 张华　　　　开票: 李梅　　　　制单: 黄鑫

第二联: 客户联

332

43-1

广西增值税普通发票

No 01450478

发票联

开票日期: 2017 年 2 月 1 日

购货方	名　　称: 南宁市旭日食品公司 纳税人识别号: 450100775685016 地 址、电 话: 长湖路69号　0771－5588626 开户行及账号: 工行南宁市长湖支行 2102105009002236409					密码区	略		
货物或应税劳务、服务名称	规格型号	单位	数量	单 价		金额	税率	税 额	
包装袋 包装瓶		个 个	5000 30,000	0.194174 0.9708736		970.87 29,126.21	3% 3%	29.13 873.79	
合　计						￥30,097.08		￥902.92	
价税合计(大写)	⊗叁万壹仟元整					(小写)￥31,000.00			
销货方	名　　称: 南宁市阳光包装公司 纳税人识别号: 450400776585632 地 址、电 话: 南宁市朝阳路20号　0771－8316456 开户行及账号: 工行南宁市朝阳支行 45285119102626668					备注			

收款人: 333　　　　　复核: 刘星　　　开票人: 刘星　　　销货方: (章)

南宁市阳光包装公司
450100776585632
发票专用章

第二联: 发票联　购货方记账凭证

2 月 份 业 务

43-2

331

南宁市旭日食品公司周转材料入库单

收货日期 2017 年 2 月 1 日

单号: NO. 00001

供货单位	南宁市阳光包装公司				
品名规格	单位	数量	单价	金额	
包装袋	个	5000	0.20	1,000.00	
包装瓶	个	30,000	1.00	30,000.00	
合　　　　计				￥31,000.00	

仓管: 刘东

334

第二联: 财会联

43-3

332

费 用 报 销 单

报销部门：行政部　　　　　　填报日期：2017 年 2 月 2 日

报销事由	金额		
工作服	2,000.00	单位领导	同意 李明 2017 年 2 月 2 日
		部门领导	同意 朴向良 2017 年 2 月 2 日
合计(大写)⊗ 贰仟元整	小写 2,000.00		

会计主管：王波　　　　　　出纳：李芸　　　　　　填制人：林森

335

44-1

450054678　　　　　　**广西增值税专用发票**　　　　No 01387124

333

广 西
国家税务局监制

发票联

开票日期：2017 年 2 月 1 日

购货方	名　　称：南宁市旭日食品公司 纳税人识别号：450100775685016 地址、电话：长湖路 69 号　0771 - 5588626 开户行及账号：工行南宁市长湖支行 2102105009002236409				密码区	略		
货物或应税劳务、服务名称	规格型号	单位	数 量	单 价	金额	税率	税 额
工作服		套	20	85.47	1,709.40	17%	290.60
合　计					￥1,709.40		￥290.60
价税合计(大写)	⊗ 贰仟元整				(小写)￥2,000.00		
销货方	名　　称：南宁市红星贸易公司 纳税人识别号：452136547889563 地址、电话：南宁市江南路 23 号　　0771 - 8312654 开户行及账号：工行南宁市江南支行　45213632148741289				备注			

税总函【2016】116号广州东港安全印刷有限公司

第二联：发票联　购货方记账凭证

南宁市红星贸易公司
452136547889563
发票专用章

收款人：　　　　　　复核：李力　　　开票人：李力　　　　销货方：(章)

336

44-2

企业真账演练——工业企业

南宁市旭日食品公司周转材料入库单

收货日期 2017 年 2 月 2 日　　　　　　　　　　　　　单号：NO. 00002

供货单位	南宁市红星贸易公司				
品名规格	单位	数量	单价	金额	
工作服	套	20	85.47	1,709.40	
合　　　计				￥1,709.40	

仓管：刘东

337

第二联：财会联

44-3

335

中国工商银行 （桂）
现金支票存根

$\dfrac{B}{0}\ \dfrac{X}{2}$　　　　　00631652

附加信息

王海

2017 年 2 月 3 日

出票日期 2017 年 2 月 3 日

收款人：王海
金　额：2,000.00
用　途：购工作服

单位主管　　　会计

338　　　　　　44-4

南宁市荣腾纸箱厂销售出货单

开单日期 2017 年 2 月 2 日　　　　　　　　　出货仓库　　　　　单号：NO. 00003

<table>
<tr><td rowspan="2">购货单位</td><td>名　　称</td><td colspan="2">南宁市旭日食品公司</td><td>税务登记号</td><td colspan="2">450100775685016</td></tr>
<tr><td>地址、电话</td><td colspan="2">长湖路 69 号 5588626</td><td>开户行及账号</td><td colspan="2">工行南宁市长湖支行
21021050090022236409</td></tr>
<tr><td>品名</td><td>单位</td><td>规格</td><td>数量</td><td>单价</td><td>金额</td></tr>
<tr><td>纸箱</td><td>个</td><td>20*30*40</td><td>3000</td><td>4.68</td><td>14,040.00</td></tr>
<tr><td>纸箱</td><td>个</td><td>50*50*50</td><td>500</td><td>7.02</td><td>3,510.00</td></tr>
<tr><td colspan="3">价税合计（大写）</td><td colspan="2">⊗壹万柒仟伍佰伍拾元整</td><td>（小写）¥17,550.00</td></tr>
</table>

销售经理：张伟　　　审核：张华　　　　　开票：李梅　　　　　制单：黄鑫

339

45-1

第二联：客户联

2 月 份 业 务

4500065324

广西增值税专用发票

发票联

№ 01376345

337

开票日期：2017 年 2 月 2 日

<table>
<tr><td rowspan="4">购货方</td><td>名　　称：</td><td colspan="6">南宁市旭日食品公司</td><td rowspan="4">密码区</td><td rowspan="4">略</td></tr>
<tr><td>纳税人识别号：</td><td colspan="6">450100775685016</td></tr>
<tr><td>地址、电话：</td><td colspan="6">长湖路 69 号　0771－5588626</td></tr>
<tr><td>开户行及账号：</td><td colspan="6">工行南宁市长湖支行 21021050090022236409</td></tr>
<tr><td colspan="2">货物或应税劳务、服务名称</td><td>规格型号</td><td>单位</td><td>数量</td><td>单价</td><td>金额</td><td>税率</td><td>税额</td></tr>
<tr><td colspan="2">纸箱
纸箱</td><td>20*30*40
50*50*50</td><td>个
个</td><td>3000
500</td><td>4.00
6.00</td><td>12,000.00
3,000.00</td><td>17%
17%</td><td>2,040.00
510.00</td></tr>
<tr><td colspan="2">合　计</td><td></td><td></td><td></td><td></td><td>¥15,000.00</td><td></td><td>¥2,550.00</td></tr>
<tr><td colspan="2">价税合计（大写）</td><td colspan="5">⊗壹万柒仟伍佰伍拾元整</td><td colspan="2">（小写）¥17,550.00</td></tr>
<tr><td rowspan="4">销货方</td><td>名　　称：</td><td colspan="6">南宁市荣腾纸箱厂</td><td rowspan="4">备注</td><td rowspan="4"></td></tr>
<tr><td>纳税人识别号：</td><td colspan="6">450100452785593</td></tr>
<tr><td>地址、电话：</td><td colspan="6">南宁市江南路 63 号　0771－4515254</td></tr>
<tr><td>开户行及账号：</td><td colspan="6">工行南宁市江南支行 21021025401745085223</td></tr>
</table>

收款人：　　　　　复核：江梅　　　开票人：江梅　　　　销货方：（章）

340

45-2

税总函【2016】116号宁广州东港安全印刷有限公司

第二联：发票联　购货方记账凭证

南宁市旭日食品公司周转材料入库单

收货日期 2017 年 2 月 3 日

供货单位	南宁市红星贸易公司				
品名规格	单位	数量	单价	金额	
纸箱20*30*40	个	3000	4.00	12,000.00	
纸箱50*50*50	个	500	6.00	3,000.00	
合　　计				￥15,000.00	

仓管：刘东

341

第二联：财会联

2 月 份 业 务

339

费 用 报 销 单

报销部门：行政部　　　　　　填报日期：2017 年 2 月 16 日

报 销 事 由	金 额	单位领导	同意 李明 2017 年 2 月 16 日
手套	150.00		
现金付讫			
		部门领导	同意 朴相良 2017 年 2 月 16 日
合计(大写)⊗ 壹佰伍拾元整	小写 150.00		

会计主管：　王波　　　　　出纳：　李芸　　　　填制人：　王海

342

广西增值税专用发票

No 01498458

发票联

代开

开票日期：2017 年 2 月 15 日

| 购货方 | 名　　　称：南宁市旭日食品公司
纳税人识别号：450100775685016
地址、电话：长湖路69号 0771－5588626
开户行及账号：工行南宁市长湖支行 21021050090022336409 | | | | 密码区 | 略 | | |

货物或应税劳务、服务名称	规格型号	单位	数 量	单 价	金 额	税率	税 额
手套		双	50	2.91260	145.63	3%	4.37
合　计					￥145.63		￥4.37

| 价税合计(大写) | ⊗壹佰伍拾元整 | (小写)￥150.00 |

| 销货方 | 名　　　称：青秀区国税局办税服务厅自助代开发票终端 (代开机关)
纳税人识别号：45010000DK88587　　(代开机关)
地址、电话：南宁市青秀区金湖路30号 0771－8848321
开户行及账号：32017110000012345　　(完税凭证号) | 备注 | 代开企业税号：452136547889563
代开企业名称：南宁市红星贸易公司

452136547889563
发票专用章 |

收款人：　　　　　复核：　　　　　开票人：青秀006　　　　　销货方：

343

46-2

南宁市旭日食品公司周转材料入库单

收货日期 2017 年 2 月 15 日

单号：NO.00004

供货单位	南宁市红星贸易公司			
品名规格	单位	数量	单价	金额
手套	双	50	2.9126	145.63
合　　计				￥145.63

仓管：刘东

344

46-3

（三）费用业务

费 用 报 销 单

报销部门：行政部　　　　　　填报日期：2017 年 2 月 4 日

报 销 事 由	金 额	单位领导	同意 李明 2017 年 2 月 4 日
汽油费	200.00		
现金付讫			
		部门领导	同意 朴相良 2017 年 2 月 4 日
合计（大写）⊗ 贰佰元整	小写 200.00		

会计主管：　王波　　　　　出纳：　李芸　　　　　填制人：　王海

345

47-1

中国石油天然气股份有限公司

广西销售分公司税控收款机专用发票

中国石油　　　发票联

报销凭证　　　　　　　　　国税

343

发票代码：　145000922421

发票号码：　04957521

发票号：　04957453

收款单位：　中油南宁分公司金明加油站

现金付讫

税号　　　0000045010077385 9132

开票日期：　20170203　　收款员：　01

付款单位：

项目	单价	数量	金额
93#乙醇汽油	6.00	33.33	200.00

合计（小写）　¥200.00

合计（大写）　⊗贰佰元整

防伪码　　　0512 0712 6136 5551 3637

346

47-2

费 用 报 销 单

报销部门：**销售部**　　　　　　填报日期：2017 年 2 月 4 日

报 销 事 由	金 额		
招待费	1,800.00	单位领导	**同意 李明** 2017 年 2 月 4 日
现金付讫			
		部门领导	**同意 朱利** 2017 年 2 月 4 日
合 计(大写)⊗ 壹仟捌佰元整	小写 1,800.00		

会计主管：　**王波**　　　　　　出纳：　**李芸**　　　　　　填制人：　**李佳**

347

48-1

4500090234

广西增值税专用发票

发票联

No 01450463

345

开票日期：2017 年 2 月 3 日

税总函【2016】116号广州东港安全印刷有限公司

购货方	名　　　称：南宁市旭日食品公司 纳税人识别号：450100775685016 地址、电话：长湖路69号　0771－5588626 开户行及账号：工行南宁市长湖支行21021050090022236409					密码区	略		
货物或应税劳务、服务名称	规格型号	单位	数量	单　价		金　额	税率	税　额	
餐费						1,698.11	6%	101.89	
合　计						￥1,698.11		￥101.89	
价税合计(大写)	⊗ 壹仟捌佰元整					(小写)￥1,800.00			
销货方	名　　　称：南宁市好吃廊餐饮娱乐公司 纳税人识别号：450100782126563 地址、电话：南宁市长湖路100号　0771－4515254 开户行及账号：农行南宁市长湖路支行20011101040076534					备注			

收款人：　　　　　复核：**罗玉**　　　开票人：**罗玉**　　　　销货方：(章)

348

48-2

南宁市好吃廊餐饮娱乐公司
450100782126563
发票专用章

第二联：发票联　购货方记账凭证

费 用 报 销 单

报销部门：行政部　　　　　　　填报日期：2017 年 2 月 4 日

报 销 事 由	金 额	单位领导	同意 李明 2017 年 2 月 5 日
邮费	20.00		
现金付讫		部门领导	同意 朴相良 2017 年 2 月 5 日
合计(大写)⊗ 贰拾元整	小写 20.00		

会计主管：　王波　　　　　　出纳：　李芸　　　　　填制人：　王海

349

49-1

347

广西壮族
自治区　国家税务局通用定额发票

发票联

壹 拾 元 整

发票代码　567834590876

发票号码　78654678

查询码 16840714220

桂国税 发印字 (2016) 第8号
广西瑞熙特种票证印务有限公司承印.2016年1月

450100782124378

发票专用章
(加盖发票专用章有效)

年　月　日

350

49-2

企业真账演练——工业企业

广西壮族
自治区 **国家税务局通用定额发票**

发 票 联

壹 拾 元 整

发票代码　　567834590876

发票号码　　78654679

查询码 16840714220

450100782124378

年　　月　　日

351

49-3

费 用 报 销 单

349

报销部门：行政部　　　　　　　　填报日期：2017 年 2 月 6 日

报 销 事 由	金 额	单位领导	同意李明 2017年2月6日
保险费	2,990.00		
(其中A产品工人448.5元，B产品工人299元，		部门领导	同意朴相良 2017年2月6日
车间管理人员448.5元，销售部299元，			
管理部门1495元)			
合计(大写)⊗ 贰仟玖佰玖拾元整	小写 2,990.00		

会计主管：　王波　　　　　　出纳：　李芸　　　　　　填制人：　王海

352

50-1

4589990980

广西增值税专用发票

发票联

开票日期：2017 年 2 月 5 日

| 购货方 | 名 称：南宁市旭日食品公司
纳税人识别号：450100775685016
地 址、电 话：长湖路 69 号 0771－5588626
开户行及账号：工行南宁市长湖支行 21021050090002236409 | | 密码区 | 略 | | |

货物或应税劳务、服务名称	规格型号	单位	数量	单 价	金额	税率	税 额
员工意外保险			1	2,820.75	2,820.75	6%	169.25
合 计					¥2,820.75		¥169.25

| 价税合计（大写） | ⊗ 贰仟玖佰玖拾元整 | (小写) ¥2,990.00 |

| 销货方 | 名 称：中国阳光财产保险公司广西分公司
纳税人识别号：450111987645367
地 址、电 话：广西南宁市竹园路 42 号 0771－5825533
开户行及账号：建行南宁市东葛路支行 4500002000509768937 | 备注 | 中国阳光财产保险公司广西分公司
450111987645367
发票专用章 |

收款人： 复核：陆玲 开票人：陆玲 销货方：（章）

353

50-2

351

中国工商银行 （桂）
现金支票存根

$\dfrac{B}{0}$ $\dfrac{X}{2}$ 00631652

附加信息

王海

2017 年 2 月 6 日

出票日期 2017 年 2 月 6 日

| 收款人：王海 |
| 金 额：2,990.00 |
| 用 途：付保险费 |

单位主管 会计

354

50-3

费 用 报 销 单

报销部门：行政部　　　　　　　填报日期：2017 年 2 月 7 日

报 销 事 由	金 额	单位领导	同意 李明 2017 年 2 月 7 日
订报费（2017.2 - 2017.12）	176.00		
现金付讫		部门领导	同意 朴相良 2017 年 2 月 7 日
合计(大写)⊗ 壹佰柒拾陆元整	小写 176.00		

会计主管：　王波　　　　　　　出纳：　李芸　　　　　　填制人：　王海

355

51-1

4500098564　　　　　　广西增值税专用发票　　　No 01096745

第 广西
国家税务局制

发票联

353

开票日期：2017 年 2 月 7 日

	名　　　称：南宁市旭日食品公司					密码区	略		
购货方	纳税人识别号：450100775685016								
	地址、电话：长湖路 69 号　0771 - 5588626								
	开户行及账号：工行南宁市长湖支行 21021050090022236409								
货物或应税劳务、服务名称	规格型号	单位	数量	单 价	金额	税率	税 额		
南国早报			1	155.75	155.75	13%	20.25		
合　计					￥155.75		￥20.25		
价税合计(大写)	⊗ 壹佰柒拾陆元整					(小写)￥176.00			
销货方	名　　　称：广西日报社					备注	广西日报社 45010077050888 发票专用章		
	纳税人识别号：45010077050888								
	地址、电话：南宁市金湖路 19 号　0771 - 5921186								
	开户行及账号：工行南宁市金湖支行 4500002005095844889								

收款人：严谨　　　　　复核：严谨　　　开票人：严谨　　　　销货方：(章)

356

51-2

费 用 报 销 单

报销部门: **销售部**　　　　　　填报日期: 2017 年 2 月 10 日

报 销 事 由	金 额	单位领导	**同意李明** 2017 年 2 月 10 日
托运费	240.00		
现金付讫			
		部门领导	**同意朱利** 2017 年 2 月 10 日
合计(大写)⊗ **贰佰肆拾元整**	小写 240.00		

会计主管: **王波**　　　　　　出纳: **李芸**　　　　　　填制人: **李佳**

357　　　　　　　　　　　　　　　　　　　　　　　　　　　　52-1

4589998634　　　　　**广西增值税普通发票**　　　№ 19801934

发票联　　　　　　　　　　　　　　　　　　355

开票日期: 2017 年 2 月 10 日

购货方	名　　称: 南宁市旭日食品公司 纳税人识别号: 450100775685016 地址、电话: 长湖路 69 号　0771-5588626 开户行及账号: 工行南宁市长湖支行 2102105009002236409	密码区	略		

货物或应税劳务、服务名称	规格型号	单位	数量	单 价	金 额	税率	税 额
运输服务费			1	233.01	233.01	3%	6.99
合 计					¥233.01		¥6.99
价税合计(大写)	⊗ **贰佰肆拾元整**				(小写)¥240.00		

销货方	名　　称: 广西省大集团有限责任公司 纳税人识别号: 45010078212452420 地址、电话: 南宁市民主路 25 号　0771-59210888 开户行及账号: 工行南宁市民主支行450011200509588881	备注	广西省大集团有限责任公司 45010078212452420 发票专用章

收款人:　　　　　复核: 严梅　　　开票人: 严梅　　　　销货方: (章)

358　　　　　　　　　　　　　　　　　　　　　　　　　　　52-2

税总函【2016】116号广州东港安全印刷有限公司

第三联: 发票联　购货方记账凭证

费 用 报 销 单

报销部门: *行政部*　　　　　填报日期: 2017 年 2 月 11 日

报 销 事 由	金 额		
违章罚款	100.00	单位领导	*同意 李明* 2017 年 2 月 11 日
现金付讫			
		部门领导	*同意 朴相良* 2017 年 2 月 11 日
合计(大写)⊗ *壹佰元整*	小写 100.00		

会计主管: *王波*　　　　　出纳: *李芸*　　　　　填制人: *王海*

53-1

广西壮族自治区罚没款收据

2017 年 2 月 10 日　　　　罚款

被罚没单位或个人姓名	*王海*	证件名称	*身份证*	证件号码	4501007610260500
罚款原因	69067000000				
执罚地点		被罚者地址		中国工商银行 南宁市长湖支行	
罚款金额	￥100.00			2017年2月10日	
加收滞纳金金额	￥0.00		截止日期	业务清讫	
合　　计	￥100.00		被罚没单位或个人(签章)		
金额人民币(大写)	*壹佰元整*				

广西壮族自治区财政厅印

罚款单位(加盖公章才有效)　　　　　负责人(签章)　　　　　经手人(签章) *刘梅*

360　　　　　　　　　　　　　　　　　　　　　　　　　　　　　53-2

2 月 份 业 务

费用报销单

报销部门：物资部　　　　　　　填报日期：2017 年 2 月 14 日

报销事由	金额	单位领导	同意 李明 2017 年 2 月 14 日
过路费	300.00		
现金付讫			
		部门领导	同意 郑向阳 2017 年 2 月 14 日
合计(大写)⊗叁佰元整	小写 300.00		

会计主管：王波　　　　　　出纳：李芸　　　　　　填制人：林森

361　　　　　　　　　　　　　　　　　　　　　　　　　　54-1

359

2 月 份 业 务

广西壮族自治区高速公路
车辆通行费收据

南宁市金瑞印务有限责任公司　电话0771-5630785

依法收费　☆　☆　现金付讫　☆　☆　收费还贷

桂O(08)　158091243

入站：	南宁	出站：	灵山
日期：	2017.2.13	工号：	7094
时间：	10：32：45	车型：	
金额：	150.00	车牌：	

(报销凭据)

广西壮族自治区财政厅印制

362　　　　　　　　　　54-2

广西壮族自治区高速公路
车辆通行费收据

南宁市金瑞印务有限责任公司　电话0771-5630785

依法收费　☆　☆　现金付讫　☆　☆　收费还贷

桂O(08)　158091243

入站：	灵山	出站：	南宁
日期：	2017.2.13	工号：	7069
时间：	20：22：38	车型：	
金额：	150.00	车牌：	

(报销凭据)

广西壮族自治区财政厅印制

363　　　　　　　　　　54-3

费 用 报 销 单

报销部门：**销售部**   填报日期：2017 年 2 月 15 日

报 销 事 由	金 额	单位领导	同意 李明
停车费	20.00		2017 年 2 月 15 日
现金付讫		部门领导	同意 朱利
			2017 年 2 月 15 日
合计(大写)⊗ 贰拾元整	小写 20.00		

会计主管：　**王波**　　　　　出纳：　**李芸**　　　　　填制人：　**李佳**

364   55-1

361

广西壮族
自治区   **国家税务局通用定额发票**

广西南宁市

发 票 联

壹 拾 元 整

发票代码   145089767543

发票号码   00997865

查 询 码   16840714220

南宁市新兴物业公司

450100782987654

发票专用章

(加盖发票专用章有效)

桂国税 发印字 (2016) 第8号
广西瑞熙特种票证印务有限公司承印,2016年1月

年   月   日

365   55-2

2 月 份 业 务

国家税务局通用定额发票

发票联

壹 拾 元 整

发票代码   145089767543

发票号码   00997866

查 询 码 16840714220

南宁市新兴物业公司
450100782987654
发票专用章
(加盖发票专用章有效)

年   月   日

广西国税 发印字 (2016) 第8号
广西瑞熙特种票证印务有限公司承印.2016年1月

366

55-3

363

费 用 报 销 单

报销部门：行政部   填报日期：2017 年 2 月 15 日

报 销 事 由	金 额	单位领导	同意李明 2017年2月15日
车间汽油费	300.00		
现金付讫		部门领导	同意朴向良 2017年2月15日
合计(大写)⊗叁佰元整	小写 300.00		

会计主管：   王波   出纳： 李芸   填制人：   王海

367

56-1

中国石油天然气股份有限公司
广西销售分公司税控收款机专用发票

中国石油　　　　　　**发票联**

报销凭证　　　　　　　国税

发票代码：　145000922421

发票号码：　04957521

发票号：　　04957521

收款单位：　中油南宁分公司金明加油站

税号　　　　00000450100773859132

开票日期：　20170213　　收款员：　01

付款单位：

项目	单价	数量	金额
93#乙醇汽油	6.00	50.00	300.00

合计(小写)　　¥300.00

合计(大写)　　⊗叁佰元整

防伪码　　　　0512 0712 6136 5551 3637

368　　　　　　　　　　　　　　　　56-2　　　　　　　

2 月 份 业 务

费 用 报 销 单

报销部门：销售部　　　　　填报日期：2017 年 2 月 21 日

报 销 事 由	金 额		
装卸费	400.00	单位领导	同意 李明　2017 年 2 月 21 日
现金付讫			
		部门领导	同意 朱利　2017 年 2 月 21 日
合计(大写)⊗肆佰元整	小写 400.00		

会计主管：　王波　　　　　出纳：　李芸　　　　　填制人：　李佳

369　　　　　　　　　　　　　　　　　　　　　　　　57-1

4589990967

发票联

No 19807856

开票日期：2017 年 2 月 21 日

税总函【2016】116号广州东港安全印刷有限公司

购货方	名　　称：南宁市旭日食品公司 纳税人识别号：450100775685016 地　址、电话：长湖路69号　0771-5588626 开户行及账号：工行南宁市长湖支行2102105009002236409				密码区			略	
货物或应税劳务、服务名称	规格型号	单位	数　量	单　价	金　额	税率	税　额		
装卸费			1	377.36	377.36	6%	22.64		
合　计					￥377.36		￥22.64		
价税合计(大写)　⊗肆佰元整					(小写)￥400.00				
销货方	名　　称：南宁新田综合运输贸易服务公司 纳税人识别号：45010078212542398 地　址、电话：南宁市新阳路25号　0771-39210888 开户行及账号：工行南宁市新阳路支行450011200509587634				备注				

收款人：　　　　　复核 李梅　　开票人 李梅　　销货方：(章)

370

57-2

2 月 份 业 务

367

费 用 报 销 单

报销部门：总经办　　　　填报日期：2017 年 2 月 23 日

报销事由	金　额	单位领导	同意 李明 2017 年 2 月 23 日
交通费	160.00		
现金付讫			
		部门领导	同意 安博勇 2017 年 2 月 23 日
合计(大写)⊗壹佰陆拾元整	小写 160.00		

会计主管：　王波　　　　出纳：　李芸　　　　填制人：　袁莉

371

58-1

广西壮族
自治区 **国家税务局通用机打发票**

广西南宁市
国家税务局监制

发票联

发票代码： 145011622518

发票号码： 45016881

查询码： 1678673658765438

监督电话： 0771－5816585

车号 桂 AW7689

日期： 2017/2/1

上车： 18:13

下车： 19:02

单价： 2.00

里程： 78.10

等候： 0:00:05

金额： ￥160.00

卡号：

原额：

余额：

金额合计超佰元位无效

广西国代出租汽车有限公司
450100782756389
发票专用章

桂国税 发印字(2016)第1139号

2016年8月

结 算 联

卡号：

原额： 余额：

发票代码： 145011622518

发票号码： 45016881

查询码： 1678673658765438

370

用 款 申 请 书

2017 年 2 月 24 日

申请部门	销售部	用　途	付展位费
经办人	李佳		
结算方式	转账	金　额	￥8,200.00
对方单位名称	北京广研广播电视高科技中心	开户银行	工行北京朝阳路分行
		账　号	21000020050958881
领导批示：同意 李明 2017 年 2 月 24 日	会计主管人员意见：同意 王波 2017 年 2 月 24 日	部门领导意见：同意 朱利 2017 年 2 月 24 日	

373

2 月 份 业 务

4589998998

广西增值税普通发票

发票联

No 19809876

371

开票日期：2017 年 2 月 7 日

税总函【2016】116号广州东港安全印刷有限公司

购货方	名　　称：南宁市旭日食品公司 纳税人识别号：450100775685016 地址、电话：长湖路 69 号　0771－5588626 开户行及账号：工行南宁市长湖支行 2102105009002236409	密码区	略			
货物或应税劳务、服务名称	规格型号	单位	数量	单　价	金额	税率	税　额

货物或应税劳务、服务名称	规格型号	单位	数量	单　价	金额	税率	税　额
展位费			1	7,961.17	7,961.17	3%	238.83
合　计					￥7,961.17		￥238.83

价税合计（大写）	⊗ 捌仟贰佰元整	（小写）￥8,200.00

销货方	名　　称：北京广研广播电视高科技中心 纳税人识别号：450100224521002 地址、电话：北京市朝阳路 12 号　010－8316456 开户行及账号：工行北京朝阳路分行 21000020050958881	备注	北京广研广播电视高科技中心 450100224521 发票专用章

收款人：　　　　复核：李毅　　　　开票人：李毅　　　　销货方：（章）

374

第二联：发票联　购货方记账凭证

中国工商银行   **电 汇 凭 证**

币别：   2009 年 2 月 24 日   流水号：

汇款方式	□普通		□加急										
汇款人	全 称	南宁市旭日食品公司	收款人	全 称	北京广研广播电视高科技中心								
	账 号	工行长湖支行		账 号	4292059575								
	汇出行名称	2102106409		汇入行名称	浦东发展银行北京分行								

金额	(大写) ⊗捌仟贰佰元整	亿	千	百	十	万	千	百	十	元	角	分
						¥	8	2	0	0	0	0

中国工商银行
南宁市长湖支行
2017年2月24日
业务清讫

支付密码

附加信息及用途：*展位费*

客户签章

会计主管   授权   复核   录入
375   59-3

第一联：客户回单

373

用 款 申 请 书

2017 年 2 月 24 日

申请部门	制造部	用 途	付乙材料费加工费
经办人	张丽		
结算方式	转账	金 额	585.00
对方单位名称	南宁市新新食品加工厂	开户银行	建行南宁市北环分理处
		账 号	450100256456958

领导批示：同意	会计主管人员意见：同意	部门领导意见：同意
李明	王波	陈可铭
2017 年 2 月 24 日	2017 年 2 月 24 日	2017 年 2 月 24 日

376   60-1

企业真账演练——工业企业

4589998654

广西增值税专用发票

发票联

No 19800934

开票日期: 2017 年 2 月 24 日

购货方	名　　　称: 南宁市旭日食品公司 纳税人识别号: 450100775685016 地　址、电话: 长湖路69号　0771-5588626 开户行及账号: 工行南宁市长湖支行 21021050092236409					密码区		略	
货物或应税劳务、服务名称	规格型号	单位	数　量	单　价	金　额	税率	税　额
加工费		公斤	3500	0.142857	500.00	17%	85.00
合　计					￥500.00		￥85.00
价税合计(大写)	⊗伍佰捌拾伍元整				(小写)￥585.00		

销货方	名　　　称: 南宁市新新食品加工厂 纳税人识别号: 450100256456958 地　址、电话: 南宁市北环路63号　0771-4515254 开户行及账号: 建行南宁市北环分理处 45016653267454286	备注	南宁市新新食品加工厂 450100256456958 发票专用章

收款人:　　　　　复核: 刘勇　　　开票人: 刘勇　　　销货方: (章)

377

第二联: 发票联　购货方记账凭证

2 月 份 业 务

60-2

375

中国工商银行 (桂)
转账支票存根

$\frac{B}{0}$　$\frac{X}{2}$　00631883

附加信息
_____
_____
_____

出票日期 2017 年 2 月 24 日

收款人:	南宁市新新食品加工厂
金　额:	585.00
用　途:	付乙材料费加工费

单位主管　　　　会计

378　　　　　　　60-3

中国工商银行进账单(回单)

2017 年 2 月 24 日

<table>
<tr><td rowspan="3">出票人</td><td>全　称</td><td>南宁市旭日食品公司</td><td rowspan="3">收款人</td><td>全　称</td><td colspan="13">南宁市新新食品加工厂</td></tr>
<tr><td>账　号</td><td>21021050090002236409</td><td>账　号</td><td colspan="13">4501665326745464286</td></tr>
<tr><td>开户银行</td><td>工行南宁市长湖支行</td><td>开户银行</td><td colspan="13">建行北环分理处</td></tr>
<tr><td rowspan="2">金额</td><td rowspan="2">人民币
(大写)</td><td rowspan="2" colspan="2">⊗伍佰捌拾伍元整</td><td></td><td>亿</td><td>千</td><td>百</td><td>十</td><td>万</td><td>千</td><td>百</td><td>十</td><td>元</td><td>角</td><td>分</td></tr>
<tr><td></td><td></td><td></td><td></td><td></td><td></td><td>￥</td><td>5</td><td>8</td><td>5</td><td>0</td><td>0</td></tr>
<tr><td></td><td colspan="3">中国工商银行
南宁市长湖支行
汇出行签章 2017年2月24日
业务清讫</td><td colspan="12">支付密码
附加信息及用途</td></tr>
</table>

379　　　　　　　　　　　　　　　　　　　　　　　　　　　　　　60-4

此联是出票人开户银行交给出票人的回单

2月份业务

收费　　　　　　　　　　　　　　(回单联)

对公收费交易回单

2009 年 2 月 25 日

377

付费账号: 21021050090002236409

付费户名: 南宁市旭日食品公司

开户行: 工行南宁市长湖支行

币种: 人民币

合计实收金额(大写): 贰拾元整

合计实收金额(小写): 20.00

合计应收金额: 20.00

付费方式: 转账

摘要(收费项目): 手续费

序号	实收金额	应收金额
1	20.00	20.00

中国工商银行
南宁市长湖支行
2017年2月25日
业务清讫

380　　　　　　　　　　　　　　　　　　　　　　　　　　　　　　61

中国工商银行特种转账借方凭证

币种：人民币　　　　　　2017 年 2 月 25 日　　　　　流水号：0032562

<table>
<tr><td rowspan="3">付款人</td><td>全　称</td><td>南宁市旭日食品公司</td><td rowspan="3">收款人</td><td>全　称</td><td>广西绿城水务股份有限公司</td></tr>
<tr><td>账　号</td><td>21021050090022236409</td><td>账　号</td><td>21021030055550509</td></tr>
<tr><td>开户行</td><td>工行南宁市长湖支行</td><td>开户行</td><td>建行南宁市江南支行</td></tr>
<tr><td>金额</td><td colspan="2">（大写）⊗壹仟叁佰贰拾元整</td><td colspan="3">￥1,320.00</td></tr>
<tr><td>用途</td><td colspan="5">代扣水费</td></tr>
<tr><td>备注：</td><td colspan="5"></td></tr>
</table>

中国工商银行
南宁市长湖支行
2017年2月25日
业务清讫　　　　银行盖章

381　　　　　　　　　　　　　　　　　　　　　　　　　62-1

2月份业务

45890178654　　　　　广西增值税专用发票　　　　№ 19800188

广 西
国家税务局监制

发票联

379

开票日期：2017 年 2 月 25 日

<table>
<tr><td rowspan="4">购货方</td><td>名　称</td><td colspan="5">南宁市旭日食品公司</td><td rowspan="4">密码区</td><td rowspan="4">略</td></tr>
<tr><td>纳税人识别号</td><td colspan="5">450100775685016</td></tr>
<tr><td>地址、电话</td><td colspan="5">长湖路 69 号　0771 - 5588626</td></tr>
<tr><td>开户行及账号</td><td colspan="5">工行南宁市长湖支行 21021050090022236409</td></tr>
<tr><td colspan="2">货物或应税劳务、服务名称</td><td>规格型号</td><td>单位</td><td>数量</td><td>单价</td><td>金额
1,245.28</td><td>税率
6%</td><td>税　额
74.72</td></tr>
<tr><td colspan="2">2月水费</td><td></td><td></td><td></td><td></td><td></td><td></td><td></td></tr>
<tr><td colspan="2">合　计</td><td></td><td></td><td></td><td></td><td>￥1,245.28</td><td></td><td>￥74.72</td></tr>
<tr><td colspan="2">价税合计（大写）</td><td colspan="5">⊗壹仟叁佰贰拾元整</td><td colspan="2">（小写）￥1,320.00</td></tr>
<tr><td rowspan="4">销货方</td><td>名　称</td><td colspan="5">广西绿城水务股份有限公司</td><td rowspan="4">备注</td><td rowspan="4"></td></tr>
<tr><td>纳税人识别号</td><td colspan="5">450100791346584</td></tr>
<tr><td>地址、电话</td><td colspan="5">南宁市体育路 4 号　0771 - 4812828</td></tr>
<tr><td>开户行及账号</td><td colspan="5">建行南宁市江南支行 4500160495105050502168</td></tr>
</table>

西绿城水务股份有限公司
450100791346584
发票专用章

收款人：　　　　　复核：张曦　　开票人：张曦　　　销货方：（章）

382　　　　　　　　　　　　　　　　　　　　　　　　　62-2

税总函【2016】116号广州东港安全印制有限公司

第二联：发票联　购货方记账凭证

水费分配表

部 门	使用数量(吨)	分配率/%	分配金额/元
生产部门	305	92.42	1,150.94
管理部门	11.5	3.48	43.40
销售部门	13.5	4.09	50.94
合 计	330	100.00	1,245.28

制单：王海

383

62-3

381

中国工商银行特种转账借方凭证

币种：人民币   2017 年 2 月 25 日   流水号：0034675

付款人	全 称	南宁市旭日食品公司	收款人	全 称	广西电网公司南宁供电局
	账 号	21021050009002236409		账 号	45001604951591234
	开户行	工行南宁市长湖支行		开户行	建行南宁市江南支行
金额	(大写)	⊗贰仟陆佰零伍元贰角			¥2,605.20
用途		代扣电费		中国工商银行 南宁市长湖支行 2017年2月25日 业务清讫	银行盖章
备注：					

第二联：客户回单

384

63-1

企业真账演练——工业企业

4589098079 　　　广西增值税专用发票　　　N⊙ 19817865

发票联

税总函【2016】116号广州东港安全印制有限公司

开票日期：2017 年 2 月 25 日

购货方	名　　　称：南宁市旭日食品公司 纳税人识别号：450100775685016 地址、电话：长湖路69号 0771-5588626 开户行及账号：工行南宁市长湖支行 21021050090022236409	密码区	略

货物或应税劳务、服务名称	规格型号	单位	数量	单价	金额	税率	税额
2月水费					2,226.67	17%	378.53
合　计					￥2,226.67		￥378.53

价税合计(大写)	⊗贰仟陆佰零伍元贰角	(小写)￥2,605.20

销货方	名　　　称：广西电网公司南宁供电局 纳税人识别号：450100898221886 地址、电话：南宁市星光大道43号 0771-4992505 开户行及账号：建行南宁市福建园支行45001604951050502712	备注	广西电网公司南宁供电局 450100898221886 发票专用章

收款人：　　　　　复核：张东　　开票人：张东　　　　销货方：(章)

385　　　　　　　　　　　　　　　　　　　　　　63-2

第二联：发票联　购货方记账凭证

2 月 份 业 务

383

电费分配表

2017 年 2 月 25 日

部　门	使用数量(度)	分配率(%)	分配金额(元)
生产部门	3640	83.83	1,866.67
管理部门	390	8.98	200.00
销售部门	312	7.19	160.00
合　计	4342	100.00	2,226.67

制单：王海

386　　　　　　　　　　　　　　　　　　　　　　63-3

中国工商银行特种转账借方凭证

付款人	全　称	南宁市旭日食品公司	收款人	全　称	中国电信股份有限公司 广西分公司
	账　号	2102105009002236409		账　号	5027335673367850089
	开户行	工行南宁市长湖支行		开户行	建行民乐路支行
金额	（大写）	⊗壹仟肆佰肆拾元整		￥1,440.00	
用途		电信联网批扣			
备注：					

中国工商银行
南宁市长湖支行
2017年2月25日
业务清讫
银行盖章

387　　　　　　　　　　　　　　　　　　　　　　　　　　64-1

第二联：客户回单

2 月 份 业 务

4589094767

广西增值税专用发票
发票联

No 19800634

385

开票日期：2017 年 2 月 25 日

购货方	名　　称	南宁市旭日食品公司	密码区	略
	纳税人识别号：	450100775685016		
	地址、电话：	长湖路69号　0771-5588626		
	开户行及账号：	工行南宁市长湖支行 2102105009002236409		

货物或应税劳务、服务名称	规格型号	单位	数量	单价	金额	税率	税额
宽带费、市话费、月租 来电显示、长话					513.51 783.78	11% 11%	56.49 86.22
合　计					￥1,297.29		￥142.71
价税合计（大写）	⊗壹仟肆佰肆拾元整				（小写）￥1,440.00		

销货方	名　　称	广西电信股份有限公司	备注	广西电信股份有限公司 450100782333362420 发票专用章
	纳税人识别号：	450100958215639		
	地址、电话：	南宁市民族大道15号　0771-2275833		
	开户行及账号：	建行民乐路支行　45001604951050502560		

收款人：　　　　　复核：刘美丽　　开票人：刘美丽　　销货方：（章）

388　　　　　　　　　　　　　　　　　　　　　　　　　　64-2

税总函【2016】116号广州东港安全印刷有限公司

第二联：发票联　购货方记账凭证

电话费明细表

2017 年 2 月 25 日

部　门	话费金额(元)
生产部门	378.38
管理部门	531.53
销售部门	387.38
合　计	1,297.29

制单：王海

64-3

（四）销售业务

南宁市旭日食品公司销售出货单

开单日期 2017 年 2 月 1 日　　　　　　　　　　　　　单号：NO. 0001

出货仓库 2　　　　　　　　　　　　结算方式：赊销

购货单位	名　称	南宁市同顺公司			税务登记号			
	地址、电话				开户行及账号			
品名规格		单位	数量	单价	金额	税率	税金	
甲材料		公斤	200	35.00	7,000.00	17%	1,190.00	
合计					￥7,000.00		￥1,190.00	
价税合计		⊗捌仟壹佰玖拾元整			(小写)	￥8,190.00		

用户签名：王秀丽　　　　仓管：刘东　　　　业务员：李佳　　　　开单人：李佳

第二联：财会联

65-1

广西增值税专用发票

4500063135

No 00120990

此联不作报销、扣税凭证使用

开票日期：2017 年 2 月 1 日

税总函 【2016】 521号北京东港安全印制有限公司

购货方	名　　　称：南宁市同顺公司 纳税人识别号：450100775786541 地址、电话：南宁市长湖路1号　0771-8888888 开户行及账号：工行南宁市江南支行4598776655451240000					密码区	略		
货物或应税劳务、服务名称	规格型号	单位	数 量	单 价	金 额	税率	税 额
甲材料		公斤	2000	35.00	7,000.00	17%	1,190.00
合　计					¥7,000.00		¥1,190.00
价税合计（大写）	⊗捌仟壹佰玖拾元整				（小写）¥8,190.00		

销货方	名　　　称：南宁市旭日食品公司 纳税人识别号：450100775685016 地址、电话：长湖路69号　　0771-5588626 开户行及账号：工行南宁市长湖支行2102105009002236409	备注

南宁市旭日食品公司
450100775685016
发票专用章

收款人：　　　　复核：李芸　　　开票人：李芸　　　销货方：（章）

391

65-2

南宁市旭日食品公司销售出货单

开单日期 2017 年 2 月 4 日

单号：NO.0002

出货仓库 2

结算方式：2/10,1/20,N/30

购货单位	名　　称	南宁市同顺公司		税务登记号		
	地址、电话			开户行及账号		
品名规格	单位	数量	单价	金额	税率	税金
B材料	件	1000	80.00	80,000.00	17%	13,600.00
合　计				¥80,000.00		¥13,600.00
价税合计	⊗玖万叁仟陆佰元整			（小写）	¥93,600.00	

用户签名：王秀丽　　　仓管：刘东　　　业务员：李佳　　　开单人：李佳

392

66-1

广西增值税专用发票

广 西
国家税务局监制

税总函【2016】521号北京东港安全印刷有限公司

此联不作报销、扣税凭证使用　　　　开票日期：2017年2月4日

购货方	名　　　称：南宁市同顺公司 纳税人识别号：450100775786541 地址、电话：南宁市长湖路1号　0771-8888888 开户行及账号：工行南宁市江南支行4598776655451240000				密码区	略		
货物或应税劳务、服务名称	规格型号	单位	数量	单价	金额	税率	税额	
B产品		件	1000	80.00	80,000.00	17%	13,600.00	
合　计					￥80,000.00		￥13,600.00	
价税合计（大写）	⊗玖万叁仟陆佰元整				（小写）￥93,600.00			
销货方	名　　　称：南宁市旭日食品公司 纳税人识别号：450100775685016 地址、电话：长湖路69号　　0771-5588626 开户行及账号：工行南宁市长湖支行2102105009002236409				备注	南宁市旭日食品公司 450100775685016 发票专用章		

收款人：　　　　　　复核：李芸　　开票人：李芸　　　销货方：（章）

第一联：记账联　销售方记账凭证

2月份业务

393

66-2

391

（桂）03073059

中国工商银行同城通兑回单(收账通知)

日期：2017年2月13日

付款单位	户　名	南宁市同顺公司	收款单位	户　名	南宁市旭日食品公司
	账　号	2102102154785469003		账　号	2102105009002236409
	开户行	工行南宁市江南支行		开户行	工行南宁市长湖支行
金额（大写）		⊗玖万叁仟陆佰元整		￥93,600.00	
备注	凭证种类： 摘要：货款		凭证号： 交易类型：	中国工商银行 银行章 2017年2月13日 银行章	

　　　　　　复核（授权）：　　　　　　打印：

394

66-3

南宁市旭日食品公司销售出货单

开单日期 2017 年 2 月 7 日　　　　　　　　　　　　　　　　　单号：NO. 0003

出货仓库 2　　　　　　　　　　　结算方式：赊销

购货单位	名　称	南宁市同发公司			税务登记号		
	地址、电话				开户行及账号		
品名规格	单位	数量	单价	金额	税率	税金	
乙材料	公斤	200	25.00	5,000.00	13%	650.00	
合计				¥5,000.00		¥650.00	
价税合计	⊗伍仟陆佰伍拾元整			(小写)	¥5,650.00		

用户签名：张长江　　　　仓管：刘东　　　　业务员：李佳　　　　　　开单人：李佳

395　　　　　　　　　　　　　　　　　　　　　　　　　　　　　　67-1

第二联：财会联

2 月 份 业 务

广西增值税普通发票

4500063135　　　　　　　　　　　No 00120161

393

此联不作报销、扣税凭证使用　　　　　　　　开票日期：2017 年 2 月 7 日

购货方	名　　称：南宁市同发公司					密码区		略		
	纳税人识别号：450100775789634									
	地　址、电话：南宁市长湖路 9 号　0771－8888876									
	开户行及账号：工行支行　　4598776655451359879									
货物或应税劳务、服务名称	规格型号	单位	数　量	单　价	金　额		税率	税　额		
乙材料		公斤	200	25.00	5,000.00		13%	650.00		
合　计					¥5,000.00			¥650.00		
价税合计（大写）	⊗伍仟陆佰伍拾元整				(小写)¥5,650.00					
销货方	名　　称：南宁市旭日食品公司					备注	转账			
	纳税人识别号：450100775685016									
	地　址、电话：长湖路 69 号　　　0771－5588626									
	开户行及账号：工行南宁市长湖支行2102105009002236409									

税总函【2016】521号北京东兴安全印刷有限公司

第一联：记账联　销售方记账凭证

收款人：　　　　　复核：李芸　　开票人：李芸　　　　销货方：(章)

396　　　　　　　　　　　　　　　　　　　　　　　　　　　　67-2

南宁市旭日食品公司
450100775685016
发票专用章

南宁市旭日食品公司销售出货单

开单日期 2017 年 2 月 8 日   单号：NO.0004

出货仓库 2   结算方式：现金

<table>
<tr><td rowspan="2">购货单位</td><td>名　称</td><td colspan="2">林河</td><td>税务登记号</td><td></td><td></td></tr>
<tr><td>地址、电话</td><td colspan="2"></td><td>开户行及账号</td><td></td><td></td></tr>
<tr><td>品名规格</td><td>单位</td><td>数量</td><td>单价</td><td>折扣</td><td>金额</td><td>税率</td><td>税金</td></tr>
<tr><td>B产品</td><td>件</td><td>200</td><td>80.00</td><td>9.5折</td><td>15,200.00</td><td>17%</td><td>2,584.00</td></tr>
<tr><td></td><td></td><td></td><td></td><td></td><td></td><td></td><td></td></tr>
<tr><td>合计</td><td></td><td></td><td></td><td></td><td>￥15,200.00</td><td></td><td>￥2,584.00</td></tr>
<tr><td>价税合计</td><td colspan="4">⊗壹万柒仟柒佰捌拾肆元整</td><td>（小写）</td><td colspan="2">￥17,784.00</td></tr>
</table>

用户签名：林河　　　仓管：刘东　　　业务员：李佳　　　　　开单人：刘东

397   68-1

第二联：财会联

2月份业务

395

广西增值税普通发票

4500063135   No 00120162

此联不作报销、扣税凭证使用   开票日期：2017 年 2 月 8 日

<table>
<tr><td rowspan="4">购货方</td><td>名　　称：</td><td colspan="5">林河</td><td rowspan="4">密码区</td><td rowspan="4">略</td></tr>
<tr><td>纳税人识别号：</td><td colspan="5"></td></tr>
<tr><td>地址、电话：</td><td colspan="5"></td></tr>
<tr><td>开户行及账号：</td><td colspan="5"></td></tr>
<tr><td>货物或应税劳务、服务名称</td><td>规格型号</td><td>单位</td><td>数量</td><td>单　价</td><td>金额</td><td>税率</td><td>税　额</td></tr>
<tr><td>B产品</td><td></td><td>件</td><td>200</td><td>76.00</td><td>15,200.00</td><td>17%</td><td>2,584.00</td></tr>
<tr><td colspan="2">现金收讫</td><td></td><td></td><td></td><td></td><td></td><td></td></tr>
<tr><td>合　计</td><td></td><td></td><td></td><td></td><td>￥15,200.00</td><td></td><td>￥2,584.00</td></tr>
<tr><td>价税合计（大写）</td><td colspan="5">⊗壹万柒仟柒佰捌拾肆元整</td><td colspan="2">（小写）￥17,784.00</td></tr>
<tr><td rowspan="4">销货方</td><td>名　　称：</td><td colspan="5">南宁市旭日食品公司</td><td rowspan="4">备注</td><td rowspan="4">转账</td></tr>
<tr><td>纳税人识别号：</td><td colspan="5">450100775685016</td></tr>
<tr><td>地址、电话：</td><td colspan="5">长湖路 69 号　　　0771－5588626</td></tr>
<tr><td>开户行及账号：</td><td colspan="5">工行南宁市长湖支行2102105009002236409</td></tr>
</table>

收款人：　　　　复核：李芸　　开票人：李芸　　　　销货方：（章）

398   68-2

税总函【2016】521号北京东港安全印制有限公司

第一联：记账联　销售方记账凭证

中国工商银行现金存款凭证

2017 年 2 月 8 日　　　　　桂A　　047869

收款人	全　称	南宁市旭日食品公司					款项来源	销售
	账　号	2102105009002236409					交款人	李芸
	开户行	工行南宁市长湖支行						
	金额大写	人民币（本位币）⊗壹万贰仟元整					金额小写	￥12,000.00
票面 100	张数 120	票面	张数	票面	张数			
						经办　　复核		

中国工商银行
南宁市长湖支行
2017年2月8日
业务清讫

399　　　　　　　　　　　　　　　　　　　　　　　　　　68-3

南宁市旭日食品公司销售出货单

开单日期 2017 年 2 月 10 日　　　　　　　　　　　单号：NO.0005

出货仓库 2　　　　　　　　　结算方式：2/10,1/10,N/30

397

购货单位	名　　称	南宁市同发公司			税务登记号		
	地址、电话				开户行及账号		
品名规格	单位	数量	单价	金额	税率	税金	
B产品	件	1000	80.00	80,000.00	17%	13,600.00	
合计				￥80,000.00		￥13,600.00	
价税合计	⊗玖万叁仟陆佰元整			（小写）	￥93,600.00		

用户签名：张长江　　　　仓管：刘东　　　　业务员：李佳　　　　开单人：李佳

400　　　　　　　　　　　　　　　　　　　　　　　　　　69-1

2 月 份 业 务

广西增值税普通发票

广西
国家税务局监制

No 00120163

此联不作报销、扣税凭证使用

开票日期：2017 年 2 月 10 日

| 购货方 | 名　　称：南宁市同发公司
纳税人识别号：450100775789634
地 址、电话：南宁市长湖路9号　0771-8888876
开户行及账号：工行南宁市长湖支行4598776655451359879 | | | | 密码区 | 略 | | |

货物或应税劳务、服务名称	规格型号	单位	数 量	单 价	金 额	税率	税 额
B产品		件	1000	80.00	80,000.00	17%	13,600.00
合　计					￥80,000.00		￥13,600.00

价税合计(大写)	⊗玖万叁仟陆佰元整	(小写)￥93,600.00

| 销货方 | 名　　称：南宁市旭日食品公司
纳税人识别号：450100775685016
地 址、电话：长湖路69号　　0771-5588626
开户行及账号：工行南宁市长湖支行2102105009002236409 | 备注 | 转账 | 南宁市旭日食品公司
450100775685016
发票专用章 |

收款人：　　　　　　　复核：李芸　　　开票人：李芸　　　销货方：（章）

401

69-2

399

(桂) 03073059

中国工商银行同城通兑回单(收账通知)

日期：2017 年 2 月 25 日

付款单位	户　名	南宁市同发公司	收款单位	户　名	南宁市旭日食品公司
	账　号	2102108451232078512		账　号	2102105009002236409
	开户行	工行南宁市中山路支行		开户行	工行南宁市长湖支行

金额(大写)	⊗玖万贰仟陆佰陆拾肆元整	￥92,664.00

| 备注 | 凭证种类：
摘要：货款 | 凭证号：
交易类型： | 中国工商银行
银行章 2017年2月25日
银行章 |

复核(授权)：　　　　　　　　打印：

402

69-3

企业真账演练——工业企业

南宁市旭日食品公司销售出货单

开单日期 2017 年 2 月 18 日   单号：NO. 0006

出货仓库 2   结算方式：现金

购货单位	名　　称	林河			税务登记号			
	地址、电话				开户行及账号			
品名规格	单位	数量	单价	折扣	金额	税率	税金	
A产品	件	200	75.00	9.5折	14,250.00	17%	2,422.50	
合计					￥14,250.00		￥2,422.50	
价税合计	⊗壹万陆仟陆佰柒拾贰元伍角				（小写）	￥16,672.50		

用户签名：林河   仓管：刘东   业务员：李佳   开单人：刘东

403   70-1

广西增值税普通发票

4500063135   广西 国家税务局监制   No 00120164

401

此联不作报销、扣税凭证使用   开票日期：2017 年 2 月 18 日

购货方	名　　称：林河					密码区		略
	纳税人识别号：							
	地址、电话：							
	开户行及账号：							
货物或应税劳务、服务名称	规格型号	单位	数 量	单 价	金额	税率	税 额	
A产品		件	200	71.25	14,250.00	17%	2,422.50	
现金收讫								
合 计					￥14,250.00		￥2,422.50	
价税合计（大写）	⊗壹万陆仟陆佰柒拾贰元伍角整				（小写）￥16,672.50			
销货方	名　　称：南宁市旭日食品公司					备注		
	纳税人识别号：450100775685016							
	地址、电话：长湖路69号　　0771-5588626							
	开户行及账号：工行南宁市长湖支行2102105009002236409							

南宁市旭日食品公司 450100775685016 发票专用章

收款人：   复核：李芸   开票人：李芸   销货方：（章）

404   70-2

中国工商银行现金存款凭证

2017 年 2 月 18 日   桂A   047869

收款人	全　称	南宁市旭日食品公司	款项来源	销售
	账　号	21021050090022236409		
	开户行	工行南宁市长湖支行	交款人	李芸
金额大写	人民币 　（本位币）⊗壹万陆仟陆佰柒拾贰元伍角整		金额小写	￥16,672.50

票面	张数	票面	张数	票面	张数

中国工商银行
南宁市长湖支行
2017年2月18日
业务清讫

经办　复核

405   70-3

南宁市旭日食品公司销售出货单

开单日期 2017 年 2 月 22 日   单号：NO.0007

出货仓库 2   结算方式：赊销

购货单位	名　称	南宁市金美公司		税务登记号		
	地址、电话			开户行及账号		
品名规格	单位	数量	单价	金额	税率	税金
纸箱20*30*40	个	200	5.00	1,000.00	17%	170.00
合计				￥1,000.00		￥170.00
价税合计	⊗壹仟壹佰柒拾元整			（小写）	￥1,170.00	

用户签名：王秀丽   仓管：刘东   业务员：李佳   开单人：刘东

406   71-1

403

广西增值税专用发票

此联不作报销、扣税凭证使用　　　　　　　　　开票日期: 2017 年 2 月 22 日

税总函【2016】521号北京东港安全印制有限公司

购货方	名　　称: 南宁市金美公司							密码区	略	
	纳税人识别号: 450100771245861									
	地址、电话: 南宁市江南路 22 号　0771 - 5247868									
	开户行及账号: 工行江南支行　21021021547785469003									
货物或应税劳务、服务名称	规格型号	单位	数　量	单价	金额	税率	税　额
纸箱	20*30*40	个	200	5.00	1,000.00	17%	170.00
合　计					¥1,000.00		¥170.00
价税合计(大写)	⊗壹仟壹佰柒拾元整				(小写) ¥1,170.00		
销货方	名　　称: 南宁市旭日食品公司							备注		
	纳税人识别号: 450100775685016									
	地址、电话: 长湖路 69 号　　0771 - 5588626									
	开户行及账号: 工行南宁市长湖支行2102105009002236409									

第一联: 记账联　销售方记账凭证

2 月 份 业 务

收款人:　　　　　　复核: 李芸　　　开票人: 李芸　　　销货方: (章)

407

南宁市旭日食品公司
450100775685016
发票专用章

71-2

405

南宁市旭日食品公司销售出货单

开单日期2017 年 2 月 26 日　　　　　　　　　　　　　　单号: NO.0008

出货仓库 2　　　　　　　　　　结算方式: 赊销

购货单位	名　称	桂林市星辉公司		税务登记号		
	地址、电话			开户行及账号		
品名规格	单位	数量	单价	金额	税率	税金
B产品	件	1000	80.00	80,000.00	17%	13,600.00
合计				¥80,000.00		¥13,600.00
价税合计	⊗玖万叁仟陆佰元整			(小写)	¥93,600.00	

第二联: 财会联

用户签名: 刘敏　　　仓管: 刘东　　　业务员: 李佳　　　开单人: 刘东

408　　　　　　　　　　　　　　　　　　　　　　　　72-1

广西增值税普通发票

广 西
国家税务局监制

此联不作报销、扣税凭证使用

开票日期：2017 年 2 月 26 日

购货方	名　　称：桂林市星辉公司 纳税人识别号：450100775789634 地址、电话：桂林市上海路 9 号　0773 - 8889836 开户行及账号：工行桂林市上海路支行4598776655451309876					密码区	略	
货物或应税劳务、服务名称	规格型号	单位	数　量	单　价	金　额	税率	税　额
B产品		件	1000	80.00	80,000.00	17%	13,600.00
合　计					￥80,000.00		￥13,600.00
价税合计（大写）		⊗玖万叁仟陆佰元整				(小写) ￥93,600.00	

销货方	名　　称：南宁市旭日食品公司 纳税人识别号：450100775685016 地址、电话：长湖路 69 号　　　0771 - 5588626 开户行及账号：工行南宁市长湖支行2102105009002236409	备注	转账	南宁市旭日食品公司 450100775685016 发票专用章

收款人：　　　　　　复核：李芸　　　开票人：李芸　　　销货方：（章）

409

72-2

407

第一联：记账联　销售方记账凭证

2 月 份 业 务

用 款 申 请 书

2017 年 2 月 26 日

申请部门	物资部	用　途	代桂林市星辉公司垫运费	
经办人	林森			
结算方式	电汇	金　额	1,000.00	
对方单位名称	柳州铁路局	开户银行	工行柳州市胜利支行	
		账　号	2548210825633670000	
领导批示：同意 　　　　李明 2017 年 2 月 26 日		会计主管人员意见：同意 　　　　王波 2017 年 2 月 26 日	部门领导意见：同意 　　　郑向阳 2017 年 2 月 26 日	

410

72-3

南宁铁路局
货 物 运 单

发货人-发站-到站-收货人

日期：2017 年 2 月 26 日   NO: 132546

发货人填写			铁路填写				
发站	南宁	到站	桂林	车种车号	普	货车标重	
到站所属省直辖市自治区			广西	施封号码			
发货人 名称	南宁市旭日食品公司			经由			
发货人 地址	南宁市长湖路69号	电话	5588626				
收货人 名称	桂林市星辉公司			运价里程			
收货人 地址	桂林市漓江路52号	电话	0775-8854686				

货物名称	件数	包装	发货人确定重量(吨)	铁路确定重量(吨)	计费重量	运价号	运价率	现付	
								费别	金额
B产品	1000							运费	1,000.00
								装费	
								取送车费	
								基金费	
								印花税	
合计								合计	1,000.00

发货人记载事项：   铁路记载事项：

注: 本单不作为收款凭证   发货人签字或盖章

林森

到站交付日期戳   到站承运日期戳

注：此票据为复印件,原件已交给购货方

411   72-4

2 月 份 业 务

409

中国工商银行电汇凭证(回单)

委托日期   2017 年 2 月 26 日

汇款人	全 称	南宁市旭日食品公司	收款人	全 称	柳州铁路局										
	账 号	2102105009002236409		账 号	25482108256336700000									
	开户银行	工行南宁市长湖支行		开户银行	柳州工行胜利支行									
金额	人民币(大写)	⊗壹仟元整				千	百	十	万	千	百	十	元	角	分
									¥	1	0	0	0	0	0

中国工商银行
南宁市长湖支行
汇出行签章 2017年2月26日
业务清讫

支付密码
附加信息及用途   代垫运费

此联是出票人开户银行交给出票人的回单

412   72-5

南宁市旭日食品公司销售出货单

开单日期 2017 年 2 月 18 日

单号：NO. 0009

出货仓库 2

结算方式：**现金**

<table>
<tr><td rowspan="2">购货
单位</td><td>名　称</td><td colspan="2" style="text-align:center">林河</td><td>税务登记号</td><td colspan="2"></td></tr>
<tr><td>地址、电话</td><td colspan="2"></td><td>开户行及账号</td><td colspan="2"></td></tr>
<tr><td>品名规格</td><td>单位</td><td>数量</td><td>单价</td><td>折扣</td><td>金额</td><td>税率</td><td>税金</td></tr>
<tr><td>纸箱50*50*50</td><td>个</td><td>10</td><td>8.00</td><td></td><td>80.00</td><td>17%</td><td>13.60</td></tr>
<tr><td></td><td></td><td></td><td></td><td></td><td></td><td></td><td></td></tr>
<tr><td colspan="5" style="text-align:center">合计</td><td>￥80.00</td><td></td><td>￥13.60</td></tr>
<tr><td colspan="2">价税合计</td><td colspan="3">⊗玖拾叁元陆角整</td><td>（小写）</td><td colspan="2">￥93.60</td></tr>
</table>

用户签名：林河　　　　仓管：刘东　　　　业务员：李佳　　　　开单人：刘东

413

73-1

第二联：财会联

2 月 份 业 务

广西增值税普通发票

4500063135

No 00120166

411

此联不作报销、扣税凭证使用

开票日期：2017 年 2 月 18 日

税总函【2016】521号北京东港安全印刷有限公司

<table>
<tr><td rowspan="4">购货方</td><td>名　　称</td><td colspan="6">林河</td><td rowspan="4">密码区</td><td rowspan="4" style="text-align:center">略</td></tr>
<tr><td>纳税人识别号：</td><td colspan="6"></td></tr>
<tr><td>地址、电话：</td><td colspan="6"></td></tr>
<tr><td>开户行及账号：</td><td colspan="6"></td></tr>
<tr><td>货物或应税劳务、服务名称</td><td>规格型号</td><td>单位</td><td>数量</td><td>单价</td><td>金额</td><td>税率</td><td>税额</td></tr>
<tr><td style="text-align:center">纸箱</td><td>50*50*50</td><td>件</td><td>10</td><td>8.00</td><td>80.00</td><td>17%</td><td>13.60</td></tr>
<tr><td colspan="4" style="text-align:center">现金收讫</td><td></td><td></td><td></td><td></td></tr>
<tr><td colspan="4" style="text-align:center">合　计</td><td></td><td>￥80.00</td><td></td><td>￥13.60</td></tr>
<tr><td colspan="2">价税合计（大写）</td><td colspan="4">⊗玖拾叁元陆角整</td><td colspan="2">（小写）￥93.60</td></tr>
<tr><td rowspan="4">销货方</td><td>名　　称</td><td colspan="6">南宁市旭日食品公司</td><td rowspan="4">备注</td><td rowspan="4"></td></tr>
<tr><td>纳税人识别号：</td><td colspan="6">450100775685016</td></tr>
<tr><td>地址、电话：</td><td colspan="6">长湖路69号　　0771-5588626</td></tr>
<tr><td>开户行及账号：</td><td colspan="6">工行南宁市长湖支行2102105009002236409</td></tr>
</table>

收款人：　　　　复核：李芸　　　开票人：李芸　　　销货方：（章）

414

73-2

第一联：记账联　销售方记账凭证

南宁市旭日食品公司销售出货单

开单日期 2017 年 2 月 28 日　　　　　　　　　　　　　　　　单号：NO. 0010

出货仓库 2　　　　　　　　　　　结算方式：赊销

购货单位	名　称	桂林市星辉公司		税务登记号			
	地址、电话			开户行及账号			
品名规格	单位	数量	单价	金额	税率	税金	
A 产品	件	2000	75.00	150,000.00	17%	25,500.00	
合计				¥150,000.00		¥25,500.00	
价税合计	⊗壹拾柒万伍仟伍佰元整			（小写）	¥175,500.00		

用户签名: 刘敏　　　　仓管: 刘东　　　　业务员: 李佳　　　　开单人: 李佳

415　　　　　　　　　　　　　　　　　　　　　　　　　74-1

广西增值税普通发票

4500063135　　　　　　　　　　　　　　　　No 00120167

413

税总函【2016】521号北京东港安全印制有限公司

此联不作报销、扣税凭证使用　　　　　　开票日期：2017 年 2 月 28 日

购货方	名　称	桂林市星辉公司					密码区	略		
	纳税人识别号:	450100775789634								
	地址、电话:	桂林市上海路 9 号　0773－8889836								
	开户行及账号:	工行桂林市上海路支行4598776655451309876								
货物或应税劳务、服务名称		规格型号	单位	数量	单价	金额		税率	税额	
A 产品			件	2000	75.00	150,000.00		17%	25,500.00	
合　计						¥150,000.00			¥25,500.00	
价税合计（大写）		⊗壹拾柒万伍仟伍佰元整				（小写）¥175,500.00				
销货方	名　称	南宁市旭日食品公司					备注	转账		
	纳税人识别号:	450100775685016								
	地址、电话:	长湖路 69 号　　0771－5588626								
	开户行及账号:	工行南宁市长湖支行2102105009002236409								

收款人:　　　　　　复核: 李芸　　　开票人: 李芸　　　　销货方:（章）

416　　　　　　　　　　　　　　　　　　　　　　　　　74-2

南宁市旭日食品公司
450100775685016
发票专用章

用 款 申 请 书

2017 年 2 月 28 日

申请部门	物资部	用 途	代桂林市星辉公司垫运费	
经办人	林森	金 额	1,500.00	
结算方式	转账			
对方单位名称	柳州铁路局	开户银行	工行柳州市胜利支行	
		账 号	2548210825633670000	

领导批示：同意	会计主管人员意见：同意	部门领导意见：同意
李明	王波	郑向阳
2017 年 2 月 28 日	2017 年 2 月 28 日	2017 年 2 月 28 日

417

74-3

415

中国工商银行电汇凭证(回单)

委托日期 2017 年 2 月 28 日

汇款人	全 称	南宁市旭日食品公司	收款人	全 称	柳州铁路局
	账 号	2102105009002236409		账 号	2548210825633670000
	开户银行	工行南宁市长湖支行		开户银行	工行柳州市胜利支行

金额	人民币 (大写)	⊗壹仟伍佰元整	千 百 十 万 千 百 十 元 角 分
			¥ 1 5 0 0 0 0 0

中国工商银行
南宁市长湖支行
2017年2月28日
业务清讫

汇出行签章

支付密码
附加信息及用途

代垫运费

418

74-4

柳州铁路局
货 物 运 单

发货人-发货-到站-收货人

日期：2017 年 2 月 28 日　　　　　　　　　　　　　　　　NO：　132598

发货人填写				铁路填写			
发站	南宁	到站	桂林	车种车号	普	货车标重	
到站所属省直辖市自治区		广西		施封号码			
发货人 名称	南宁市旭日食品公司			经由			
发货人 地址	南宁市长湖路69号	电话	5588626	运价里程			
收货人 名称	桂林市星辉公司						
收货人 地址	桂林市漓江路52号	电话	0773-8254686				

货物名称	件数	包装	发货人确定重量(吨)	铁路确定重量(吨)	计费重量	运价号	运价率	现付	
								费别	金额
A产品	2000							运费	1,500.00
								装费	
								取送车费	
								基金费	
								印花税	
合计								合计	1,500.00

发货人记载事项：　　　　　　　　　　　　铁路记载事项：

注: 本单不作为收款凭证　　发货人签字或盖章

林森

到站交付日期戳　　　　　　　　到站承运日期戳

（柳州铁路局 2017年2月28日 印章）

注: 此票据为复印件,原件已交给购货方

419　　　　　　　　　　　　　　　　74-5　　　417

2 月 份 业 务

（五）期末处理

固定资产折旧计算汇总表

年　　月　　日　　　　　　　　　　　　单位:元

使用部门	固定资产类别	上月计提折旧额	上月增加的固定资产应计提折旧额	上月减少的固定资产应计提折旧额	本月应计提折旧额	备注
生产车间	生产设备					
管理部门	办公设备					
合　计						

制表:

企业真账演练——工业企业

预提借款利息计算表

年 月 日

借款种类	借款额	年利率	本月应提利息	备 注
生产周转借款				短期借款
在建工程借款				长期借款
合 计				

制表：

421

南宁市旭日食品公司本月应付工资及社会保险费汇总表

年 月 日

部 门		应付工资	应计提社保费					合 计
			医疗保险（7%）	失业保险（0.5%）	工伤保险（0.4%）	生育保险（0.8%）	养老保险（19%）	
基本生产	A产品	6350						
	B产品	4330						
车间管理		7380						
销售部		5500						
财务部		5680						
总经办		13,150						
物资部		7500						
行政部		5500						
合 计		55,390						

制单：

422

提取本月各种税费计算表

年 月 日　　　　　　　　　　　　单位: 元

税(费)种	计税依据(元)	税率	本月应交税费(元)
城市建设维护税		7%	
教育费附加		3%	
地方教育费附加		2%	
水利建设基金费(按本月收入计提)		1‰	

制表:

423　　　　　　　　　　　　　　　　　　　　　　　　　　　　　　78

领 料 单

编号:　1001

领料部门:	销售部	用途:	销售B产品		日期:	2017 年 2 月 1 日	
品 名	规格型号	单 位	数量		单 价	金 额
			请 领	实 领		
甲材料		公斤	200	200		
备 注:		发南宁市同顺公司				

领料部门负责人:　朱利　　　　　　领料人:　李佳　　　　　发料人:　刘东

424　　　　　　　　　　　　　　　　　　　　　　　　　　　　　　79-1

领 料 单

领料部门：	基本生产车间	用途：	生产B产品	日期：	2017 年 2 月 2 日	
品 名	规格型号	单 位	数量		单 价	金 额
			请 领	实 领		
甲材料		公斤	450	·450		
丙材料		公斤	3000	3000		
包装瓶		个	10,000	10,000		
纸箱	20*30*40	个	550	550		
备 注：						

领料部门负责人： 陈可铭　　　　　　领料人： 张颐　　　　发料人： 刘东

425　　　　　　　　　　　　　　　　　　　　　　　　　　　　　　79-2

领 料 单

领料部门：	基本生产车间	用途：	委托加工	日期：	2017 年 2 月 5 日	
品 名	规格型号	单 位	数量		单 价	金 额
			请 领	实 领		
乙材料		公斤	3500	3500		
备 注：	发南宁市新新食品加工厂加工					

领料部门负责人： 陈可铭　　　　　　领料人： 汪静　　　　发料人： 刘东

426　　　　　　　　　　　　　　　　　　　　　　　　　　　　　　79-3

领 料 单

领料部门：	销售部	用途：	出借	日期：	2017 年 2 月 7 日	
品 名	规格型号	单 位	数量		单 价	金 额
			请 领	实 领		
纸箱	50*50*50	个	200	200		
备 注：	发南宁市新新食品加工厂加工					

领料部门负责人： 朱利　　　　　　　　领料人： 李佳　　　　　　发料人： 刘东

427　　　　　　　　　　　　　　　　　　　　　　　　　　　　　　　79-4

二交财务部门记账

2 月 份 业 务

425

领 料 单

领料部门：	销售部	用途：	销售	日期：	2017 年 2 月 7 日	
品 名	规格型号	单 位	数量		单 价	金 额
			请 领	实 领		
乙材料		公斤	200	200		
备 注：	发南宁同发公司					

领料部门负责人： 朱利　　　　　　　　领料人： 李佳　　　　　　发料人： 刘东

428　　　　　　　　　　　　　　　　　　　　　　　　　　　　　　　79-5

二交财务部门记账

领 料 单

领料部门：	基本生产车间	用途：	生产A产品	日期：		2017 年 2 月 8 日	
品　名	规格型号	单位	数量		单价	金额	
			请领	实领			
甲材料		公斤	3500	3500			
丁材料		公斤	3500	3500			
包装袋		个	4020	4020			
备　注：			发南宁同发公司				

领料部门负责人：　　陈可铭　　　　　　领料人：　　汪静　　　　　　发料人：　　刘东

429

79-6

二交财务部门记账

2 月 份 业 务

427

领 料 单

领料部门：	基本生产车间	用途：	生产B产品	日期：		2017 年 2 月 10 日	
品　名	规格型号	单位	数量		单价	金额	
			请领	实领			
甲材料		公斤	1350	1350			
丁材料		公斤	10,000	10,000			
包装瓶		个	20,600	20,600			
纸箱	20*30*40	个	1800	1800			
备　注：							

领料部门负责人：　　陈可铭　　　　　　领料人：　　张颐　　　　　　发料人：　　刘东

430

79-7

二交财务部门记账

领　料　单

领料部门：	制造部	用途：	A产品工人	日期：	2017 年 2 月 16 日		
品　名	规格型号	单　位	数量		单　价	金　额	
			请　领	实　领			
工作服		套	2	2			
手套		双	2	2			
备　注：							

领料部门负责人：　朱利　　　　　　　领料人：　李佳　　　　　　发料人：　刘东

431

二交财务部门记账

2 月 份 业 务

429

领　料　单

领料部门：	制造部	用途：	B产品工人	日期：	2017 年 2 月 16 日		
品　名	规格型号	单　位	数量		单　价	金　额	
			请　领	实　领			
工作服		套	3	3			
手套		双	3	3			
备　注：							

领料部门负责人：　朱利　　　　　　　领料人：　李佳　　　　　　发料人：　刘东

432

二交财务部门记账

领 料 单

领料部门:	制造部	用途:	车间管理人员	日期:	2017 年 2 月 16 日		
品 名	规格型号	单 位	数量		单 价	金 额	
			请 领	实 领			
工作服		套	3	3			
手套		双	3	3			
备 注:							

领料部门负责人: 朱利   领料人: 李佳   发料人: 刘东

433

79-10

二交财务部门记账

领 料 单

领料部门:	销售部	用途:	销售	日期:	2017 年 2 月 18 日		
品 名	规格型号	单 位	数量		单 价	金 额	
			请 领	实 领			
纸箱	50*50*50	个	20	20			
备 注:	随同产品销售不单独计价10个,单独计价销售10个						

领料部门负责人: 朱利   领料人: 李佳   发料人: 刘东

434

79-11

二交财务部门记账

领 料 单

领料部门：	销售部	用途：	销售		日期：	2017 年 2 月 22 日	
品　名	规格型号	单　位	数量		单　价	金　额	
			请　领	实　领			
纸箱	20*30*40	个	200	200			
备　注：			随同产品销售单独计价				

领料部门负责人：　朱利　　　　　　　领料人：　李佳　　　　　　发料人：　刘东

435　　　　　　　　　　　　　　　　　　　　　　　　　　　　　　　　　　79-12

领 料 单

领料部门：	基本生产车间	用途：	生产B产品		日期：	2017 年 2 月 25 日	
品　名	规格型号	单　位	数量		单　价	金　额	
			请　领	实　领			
甲材料		公斤	1400	1400			
丙材料		公斤	150	150			
纸箱	20*30*40	个	200	200			
备　注：			随同产品销售不单独计价				

领料部门负责人：　陈可铭　　　　　　领料人：　张颐　　　　　　发料人：　刘东

436　　　　　　　　　　　　　　　　　　　　　　　　　　　　　　　　　　79-13

领 料 单

领料部门:	**销售部**	用途:	**销售**		日期:	2017 年 2 月 28 日	
品 名	规格型号	单 位	数量			单 价	金 额
			请 领	实 领			
纸箱	50*50*50	个	200	200			
备 注:			**随同产品销售不单独计价**				

领料部门负责人: **朱利**　　　　　领料人: **李佳**　　　　发料人: **刘东**

437

二 交财务部门记账

2 月 份 业 务

79-14

435

原材料发出数量汇总表(2月)

年　　月　　日

部门及用途	甲材料(公斤)	乙材料(公斤)	丙材料(公斤)	丁材料(公斤)
A产品生产				
B产品生产				
一般耗用				
材料销售				
委托加工				
合　计				

制表:

438

79-15

周转材料发出数量汇总表(2月)

年　月　日

部门及用途	包装物				低值易耗品	
	包装袋(个)	包装瓶(个)	包装箱(只) 50*50*50	包装箱(只) 20*30*40	工作服	手套
A产品生产						
B产品生产						
随同产品销售 单独计价						
随同产品销售 不单独计价						
出　借						
车间一般耗用						
合　　计						

制表：

439

79-16

原材料加权平均单价计算表(2月)

年　月　日

材料名称	甲材料		乙材料		丙材料	
	金额	数量	金额	数量	金额	数量
期初结存						
本期购入 合计						
合　　计						
加权平均 单价						

制表：

440

79-17

周转材料加权平均单价计算表(2月)

年　月　日

材料名称	包装物								低值易耗品			
	包装袋(个)		包装瓶(个)		包装箱(只) 50*50*50		包装箱(只) 20*30*40		工作服		手套	
	金额	数量	金额	数量	金额	数量	金额	数量	金额	数量	金额	数量
期初结存												
本期购入合计												
合　计												
加权平均单价												

制表:

发出材料成本计算表(2月)

年　月　日

部门及用途	甲材料			乙材料			丙材料			合计
	数量	单价	金额	数量	单价	金额	数量	单价	金额	
A产品生产										
B产品生产										
委托加工										
材料销售										
合　计										

制表:

周转材料发出成本计算表(2月)

年　月　日

部门及用途	包装物												金额合计
	包装袋(个)			包装瓶(个)			包装箱(只)50*50*50			包装箱(只)20*30*40			
	数量	单价	金额	数量	单价	金额	数量	单价	金额	数量	单价	金额	
A产品生产													
B产品生产													
随同产品销售单独计价													
随同产品销售不单独计价													
出借													
合　计													

制表:

79-20

周转材料发出成本计算表(2月)

年　月　日

部门及用途	低值易耗品												金额合计
	工作服			手套									
	数量	单价	金额	数量	单价	金额	数量	单价	金额	数量	单价	金额	
A产品生产													
B产品生产													
车间领用													
合　计													

制表:

79-21

委托加工收料单

加工单位：　南宁市新新食品加工厂

加工合同：　　58263　　　　　　　2017 年 2 月 8 日　　　　　　收料仓库：原材料

材料名称	计量单位	实收数量	发出材料成本	加工费	合计	单位成本
丁材料	公斤	3500				
备注	发出乙材料3500公斤，加工成丁材料					

质量检验：　林森　　　　　　　　　　　　　　　　　　仓库验收：刘东

445　　　　　　　　　　　　　　　　　　　　　　　　　　　　　79-22

发出材料成本计算表（2月）

年　月　日

443

部门及用途	丁材料			合计
	数量	单价	金额	
A产品生产				
B产品生产				
委托加工				
材料销售				
合　计				

制表：

446　　　　　　　　　　　　　　　　　　　　　　　　　　　　　79-23

制造费用分配明细表（2月）

年　　月　　日

应借账户		分配标准 (生产工人工资)	分配率	分配金额(元)
生产成本	A产品			
	B产品			
合　计				

制表：

447

库存商品入库单

交库单位：生产车间　　　　　　2017年2月5日　　　　　　编号：　　1001

产品名称	规格	单位	交付数量	入库数量	单价	金额	备注
A产品		件	80	80			

仓库验收：刘东　　　　　　　　　　　　　　　　　　车间交件人：张丽

448

81-1

库存商品入库单

交库单位：生产车间　　　　　　2017年2月10日　　　　　　编号：　　1002

产品名称	规格	单位	交付数量	入库数量	单价	金额	备注
B产品		件	692	692			

仓库验收：刘东　　　　　　　　　　　　　　　　　　车间交件人：张丽

449

81-2

2 月 份 业 务

445

企业真账演练——工业企业

库存商品入库单

交库单位：**生产车间**　　　　2017 年 2 月 15 日　　　　编号：　　1003

产品名称	规格	单位	交付数量	入库数量	单价	金额	备注
A产品		件	1000	1000			

仓库验收：刘东　　　　　　　　　　　　　　　　　　车间交件人：张丽

450　　　　　　　　　　　　　　　　　　　　　　　　　　　　81-3

库存商品入库单

交库单位：**生产车间**　　　　2017 年 2 月 25 日　　　　编号：　　1004

产品名称	规格	单位	交付数量	入库数量	单价	金额	备注
A产品		件	2000	2000			
B产品		件	1808	1808			

仓库验收：刘东　　　　　　　　　　　　　　　　　　车间交件人：张丽

451　　　　　　　　　　　　　　　　　　　　　　　　　　　　81-4

库存商品入库单

交库单位：**生产车间**　　　　2017 年 2 月 28 日　　　　编号：　　1005

产品名称	规格	单位	交付数量	入库数量	单价	金额	备注
A产品		件	920	920			

仓库验收：刘东　　　　　　　　　　　　　　　　　　车间交件人：张丽

452　　　　　　　　　　　　　　　　　　　　　　　　　　　　81-5

完工产品汇总表

2017 年 2 月 28 日

产品名称	完工数量(件)	月末在产品(件)	在产品完工百分比(%)
A产品	4000	100	60
B产品	2500	200	50

制单：张丽

完工产品成本计算表（2月）

年 月 日

产品名称	成本项目	直接材料	直接人工	制造费用	其他直接费用	合　计	单位成本
A产品	期初余额						
	本月发生						
	小　计						
	完工产品成本（　件）						
	在产品成本（　件，完工百分比　%）						
B产品	期初余额						
	本月发生						
	小　计						
	完工产品成本（　件）						
	在产品成本（　件，完工百分比　%）						

制表：

449

库存商品出库单

用途：销售　　　　　　　　2017 年 2 月 4 日　　　　　　　编号：产成品库 1001

产品名称	规格	单位	数量	金额
B产品		件	1000	
合 计				
备注：	南宁同顺公司			

仓管：　刘东

库存商品出库单

用途：销售　　　　　　　　2017 年 2 月 7 日　　　　　　　编号：产成品库 1002

产品名称	规格	单位	数量	金额
B产品		件	1000	
合 计			1000	
备注：	林河			

仓管：　刘东

库存商品出库单

用途：销售　　　　　　　　2017 年 2 月 10 日　　　　　　　编号：产成品库 1003

产品名称	规格	单位	数量	金额
B产品		件	1000	
合 计			1000	
备注：	南宁市同发公司			

仓管：　刘东

库存商品出库单

用途：**销售**　　　　　　　2017 年 2 月 18 日　　　　　　　编号：产成品库 1004

产品名称	规格	单位	数量	金额
A产品		件	200	
合　计			200	
备注：		*林河*		

仓管：　**刘东**

458　　　　　　　　　　　　　　　　　　　　　　　　　　　　　82-4

库存商品出库单

用途：**销售**　　　　　　　2017 年 2 月 26 日　　　　　　　编号：产成品库 1005

产品名称	规格	单位	数量	金额
B产品		件	1000	
合　计			1000	
备注：		桂林市星辉公司		

仓管：　**刘东**

459　　　　　　　　　　　　　　　　　　　　　　　　　　　　　82-5

453

库存商品出库单

用途：**销售**　　　　　　　2017 年 2 月 28 日　　　　　　　编号：产成品库 1006

产品名称	规格	单位	数量	金额
A产品		件	1000	
合　计			1000	
备注：		桂林市星辉公司		

仓管：　**刘东**

460　　　　　　　　　　　　　　　　　　　　　　　　　　　　　82-6

库存商品加权平均单价计算表

年 月 日

商品名称	*A产品*		*B产品*	
	金 额	数 量	金 额	数 量
期初结存				
本期入库				
合 计				
加权平均单价				

制表：

82-7

455

本月发出商品成本计算表

年 月 日

商品名称	发出数量	单价	金额
A产品			
B产品			
合 计			

制表：

82-8

图书在版编目（ＣＩＰ）数据

企业真账演练：工业企业／伍少金，蒋海娟，邝雨
主编. --长沙：中南大学出版社，2018.8
　ISBN 978 - 7 - 5487 - 2790 - 3

　Ⅰ.①企… Ⅱ.①伍… ②蒋… ③邝… Ⅲ.①工业会
计—教材 Ⅳ.①F406.72

　中国版本图书馆 CIP 数据核字(2018)第 195760 号

企业真账演练——工业企业

伍少金　蒋海娟　邝　雨　主编

□责任编辑	彭达升		
□责任印制	易建国		
□出版发行	中南大学出版社		
	社址：长沙市麓山南路		邮编：410083
	发行科电话：0731 - 88876770		传真：0731 - 88710482
□印　　装	长沙雅鑫印务有限公司		

□开　　本	787×1092　1/16	□印张 29	□字数 734 千字
□版　　次	2018 年 8 月第 1 版	□2018 年 8 月第 1 次印刷
□书　　号	ISBN 978 - 7 - 5487 - 2790 - 3		
□定　　价	55.00 元		

图书出现印装问题，请与经销商调换